CHOIX

DE

RÉQUISITOIRES

Prononcés

A LA COUR D'ASSISES DE LA SEINE

PAR

Louis SARRUT

AVOCAT GÉNÉRAL, DOCTEUR EN DROIT

AFFAIRE PRADO (Assassinat et vol)

ASSASSINAT DU BOULEVARD SAINT-GERMAIN (Caporal Géomay)

CRIME D'AUTEUIL (Assassinat et vol)

OUTRAGES A DES MAGISTRATS PAR LA VOIE DE LA PRESSE

PARIS

L. LAROSE ET FORCEL

Libraires-Éditeurs

22, RUE SOUFFLOT, 22

1889

CHOIX

DE

RÉQUISITOIRES

Publications de M. Louis SARRUT.

Législation et jurisprudence sur le transport des marchandises par chemin de fer. (1 vol. in-8°, 1874. Chaix et Cie, libraires-éditeurs, *épuisé*).

Des droits de l'époux sur la succession ab intestat de son conjoint prédécédé. (Discours prononcé le 3 novembre 1880 à l'audience solennelle de rentrée de la Cour d'appel de Grenoble).

Conclusions civiles; Examen critique des travaux parlementaires; Comptes-rendus bibliographiques... Articles divers parus dans le journal judiciaire : *La Loi*, à partir du mois de mai 1881.

Le mariage des prêtres devant la Cour de cassation. (Brochure, 1887. Larose et Forcel, éditeurs).

Collaboration, depuis l'année 1884, au recueil Dalloz. (Recueil périodique et critique de jurisprudence, de législation et de doctrine).

POUR PARAITRE PROCHAINEMENT :

Tarifs des marchandises sur les chemins de fer allemands. Traité théorique et pratique (Classification. Tarification. Droits de l'Empire et des divers États. Attributions de l'Office impérial des chemins de fer (Reichseisenbahnamt). Frais accessoires. Délais).

CHOIX

DE

RÉQUISITOIRES

Prononcés

A LA COUR D'ASSISES DE LA SEINE

PAR

Louis SARRUT

AVOCAT GÉNÉRAL, DOCTEUR EN DROIT

AFFAIRE PRADO (Assassinat et vol)

ASSASSINAT DU BOULEVARD SAINT-GERMAIN (Caporal Géomay)

CRIME D'AUTEUIL (Assassinat et vol)

OUTRAGES A DES MAGISTRATS PAR LA VOIE DE LA PRESSE

PARIS

L. LAROSE ET FORCEL

Libraires-Éditeurs

22, RUE SOUFFLOT, 22

—

1889

IMPRIMERIE
CONTANT-LAGUERRE

LVX IN VITAM

BAR LE·DUC

AFFAIRE PRADO

(Assassinat et vol)

AFFAIRE PRADO

(Assassinat et vol)

—◦●◦—

NOTICE

———

Le 28 novembre 1887, des agents de police arrêtaient, à Paris, un individu qui venait de commettre, dans un hôtel situé Cours la Reine, un vol audacieux. Ce malfaiteur, dont l'identité n'a pu être établie, déclara s'appeler Prado y Ribo. On apprit dans la suite qu'il était l'auteur d'un vol de bijoux dont avait été victime, dans la nuit du 24 au 25 août 1887, le sieur Forgerit, bijoutier à Royan (arrondissement de Marenne, Charente-Inférieure). De nombreux complices par recel furent emprisonnés, au mois de décembre 1887, à l'occasion de ce dernier vol : José-François Garcia, Mathilde Daull, Roberto Andrès, Encarnacion Pradès, femme Pablo, Firmin Ibanez, Eugénie Forestier, femme Varlay, Mauricette Couronneau. Pendant le cours de l'instruction qui se poursuivait à Marenne, au mois d'avril 1888, Eugénie Forestier fit connaître que Prado avait assassiné Marie Aguétant. L'assassinat de cette fille galante, demeurant à Paris, remontait au 14 janvier 1886. Le juge d'instruction près le tribunal de Marenne se dessaisit aussitôt. L'instruction confiée à M. Adolphe Guillot, juge d'instruction près le tribunal de la Seine, confirma les révélations d'Eugénie Forestier. En conséquence, la Cour d'assises de la Seine eut à juger tout à la fois Prado, accusé notamment d'assassinat, et Garcia, Mathilde Daull, Andrès, la femme Pablo, Ibanez, Eugénie Forestier, Mauricette Couronneau, prévenus de complicité par recel du vol de bijoux commis à Royan. Les débats occupèrent neuf audiences (5-14 novembre 1888). L'arrêt de la Cour d'assises condamna Prado à la peine de mort, et ses coaccusés aux peines suivantes : Garcia cinq ans de réclusion, Mathilde Daull deux ans de prison, Andrès quatre ans de prison, Ibanez quatre ans de prison. Encarnacion Pradès, femme Pablo, Eugénie Forestier et Mauricette Couronneau furent acquittées. L'exécution de Prado eut lieu à Paris le 28 décembre.

Avocats : MM^{es} Comby pour Prado; Danet pour Eugénie Forestier; Delhassary (du barreau de Bordeaux) pour Mauricette Couronneau; Davrillé des Essarts pour Garcia et pour Mathilde Daull; Boullay pour Andrès; Decori pour la femme Pablo; Eugène Crémieux pour Ibanez.

COUR D'ASSISES DE LA SEINE.

Présidence de M. le conseiller Horteloup.

RÉQUISITOIRE [1].

PREMIÈRE PARTIE.

PRADO.

PREMIÈRE SECTION.

ASSASSINAT DE MARIE AGUÉTANT.

MESSIEURS LES JURÉS,

L'information n'a pu déchirer le voile qui enveloppe le passé de l'accusé Prado. Prado, Linska de Castillon, Mendoza, Haro, Grasset, que sais-je? Tous les noms que son esprit inventif a pu imaginer, l'accusé se les est attribués pour dissimuler son identité. Est-il né au Mexique, dans l'Amérique du Sud, en Espagne? Est-il tombé de haut, sorti de bas? Nul ne le sait. D'après les indications qu'il a fournies lui-même, il aurait, dès son jeune âge, parcouru le monde à la recherche des aventures, ne possédant comme moyens d'existence que le jeu à la grecque,

---

(1) Audience du 12 novembre 1888.

le vol, le rapt, la débauche. « Si quelqu'un connaissait
mon passé, a-t-il dit quelque part, je le tuerais aussitôt! »
Que cache donc ce passé sombre, impénétrable? De quelle
famille Prado est-il la honte? Encore à cette heure, quand
sa tête est l'enjeu de la lutte engagée entre la société et
lui, entre le ministère public et son défenseur, pas une
voix ne s'élève, pas un cri ne retentit pour implorer la
pitié de l'implacable Justice. Accusé Prado, qui donc êtes-
vous? Mais ne cherchons pas plus longtemps. Votre nom,
l'accusation vous le donne : vous êtes l'assassin de Marie
Aguétant.

I. Dans le courant de l'année 1883, l'accusé Prado,
sans ressources, incapable de tout travail, frappé par la
juridiction correctionnelle espagnole, perdu de dettes et
peut-être de crimes, se réfugiait à Paris. Il laissait à
Madrid, dans une mansarde, sur un grabat, sa femme,
l'une de ses femmes, Dolorès Garcès y Marcilla, dont il
avait en peu d'années dissipé la fortune relativement
considérable, 150,000 francs environ, au jeu et dans la
débauche. Il espérait se dissimuler dans les replis de la
grande capitale et ramasser dans ses bas-fonds des moyens
d'existence. Pendant plusieurs mois l'information perd sa
trace, mais, au commencement de l'année 1885, elle le
trouve installé chez Eugénie Forestier. Les dernières ressources d'Eugénie Forestier furent promptement épuisées.
Elle accepta les libéralités d'un banquier américain. Prado
mena joyeuse vie, écoutant gaiement le bruit des baisers
dans l'alcôve voisine.

Au mois de septembre 1885, le banquier part pour

l'Amérique. La situation d'Eugénie Forestier change profondément : à l'aisance, au luxe succèdent la gêne d'abord, la misère ensuite.

Quelle était exactement, au commencement de l'année 1886, la situation d'Eugénie Forestier et de Prado ? Si l'on rapproche la déposition de la femme Baurès, propriétaire de l'immeuble occupé, rue Baudin, 11 *bis*, par Eugénie Forestier et par Prado, les déclarations d'Ibanez et d'Eugénie Forestier et les aveux de Prado lui-même, on peut la dépeindre en traits saisissants. Les vêtements, les bijoux, le linge sont au Mont-de-Piété ; les loyers sont dus ; la propriétaire a même, à diverses reprises, fait des prêts, qui ne s'élèvent pas, au total, à moins de quatre cents francs ; au gros de l'hiver, Eugénie Forestier n'a pas de manteau, et le 14 janvier 1886, jour du crime, elle emprunte la somme de vingt francs nécessaire au dégagement du manteau. On manque de pain ; la propriétaire, par charité, donne de quoi manger. Ce n'est pas seulement la misère, c'est la mendicité. Prado l'a reconnu. On le confronte le 27 juin 1888 avec Eugénie Forestier. — *Eugénie Forestier.* « Vous vous rappelez notre misère à cette époque. J'avais dû emprunter pour dégager mon manteau. Nous n'avions pas même de quoi manger. Je vous apportais un peu de nourriture. Nous n'avions pas le sou. » — *Prado.* « C'est vrai. »

Par quel étrange revirement Prado nous apparaît-il tout à coup, au lendemain du crime, possesseur de sommes relativement considérables et de bijoux ? Le vendredi 15 janvier, il montre deux billets de banque de cent francs chacun à Eugénie Forestier et il achète des vêtements neufs. Le samedi, il loue des voitures, prend l'express de Paris à Bordeaux; puis il voyage et séjourne en Espagne, successivement à Madrid, à Saragosse, à Calatayud. Il donne ou fait engager de nombreux et riches bijoux. Il envoie, vers le 19 ou le 20 janvier, la somme de quatre cent cinquante francs à Ibanez, adresse le 10 février un mandat télégraphique de deux cents francs à Eugénie Forestier, bureau de Boulogne-sur-Mer, et quand celle-ci le rejoint à Bordeaux, elle le trouve nanti d'un millier de francs; il paie d'avance, à l'hôtel des Pyrénées, chambre et pension pour un mois.

Interrogé sur la provenance de ces sommes d'argent, Prado a fourni des versions différentes. Il allègue d'abord un prêt fait à Barcelone par des amis dont il ne peut indiquer les noms ni les adresses, puis il imagine un vol qu'il aurait commis sur la route d'Irun à Madrid. Enfin, il invoque le jeu dans un cercle, à Paris, rue Richelieu. A l'audience, il écarte le prêt, le vol, le jeu; c'est du produit de sa plume qu'il aurait vécu. Cette dernière allégation est mensongère comme les précédentes : au juge d'instruction, qui lui demandait, à la date du 22 décembre 1887, quels avaient été ses moyens d'existence depuis cinq ou six ans, Prado a répondu : « Je refuse de m'expliquer sur ce point; il m'est impossible de faire connaître à l'aide de quelles ressources j'ai vécu depuis deux ou trois ans. » Donc l'accusé Prado n'a pas donné et ne peut pas donner d'explication acceptable, et de ce contraste saisissant entre la misère de la veille et la richesse du lendemain, l'accusation déduit un argument redoutable.

II. Au numéro 52 de la rue Caumartin, une fille galante, Marie Aguétant, occupait un appartement relativement somptueux. Elle appartenait à cette catégorie de femmes entretenues qui apportent autant d'ordre à la gestion de leur fortune que de laisser-aller dans leur conduite, qui thésaurisent et font volontiers étalage de leur fortune et de leurs bijoux. Ce n'était un mystère pour personne que Marie Aguétant était riche et possédait de nombreux et fort beaux bijoux.

Par suite de la nature des occupations de son amant B..., Marie Aguétant avait la libre disposition de son temps, chaque jour, de neuf heures du soir à deux heures du matin. Pendant cet intervalle, elle s'appartenait ou plutôt elle appartenait aux autres.

Riche, connue comme telle, accessible aux amants de rencontre, Marie Aguétant était une victime que Prado résolut d'immoler le jour où, par le fait du départ de l'amant d'Eugénie Forestier, toutes les ressources firent défaut.

A quelle époque exactement commencèrent les relations de Prado et de Marie Aguétant? Il est sans intérêt pour l'accusation de préciser. Il lui suffit d'établir que Prado a courtisé Marie Aguétant et partagé son lit. « Mon petit Américain, mon Petit-Gris, celui des Solitaires, » c'est ainsi que Marie Aguétant désignait Prado; « mon petit Américain, » par allusion aux immeubles que Prado se vantait de posséder en Amérique; « mon Petit-Gris, » à cause de la couleur de son costume habituel; « celui des Solitaires, » car un jour il avait promis de remplacer, quand des fonds lui viendraient d'Amérique, par des diamants dits *solitaires,* les boucles d'oreilles de Marie Aguétant. L'Américain ou le Petit-Gris, c'est-à-dire Prado, était si bien connu pour ses assiduités parfois importunes

auprès de Marie Aguétant et même par ses allures sus-
pectes, que le premier sentiment des personnes appelées
lors de la découverte du crime, Jeanne Fontanier, amie de
Marie Aguétant, Rosalie Rutschmann, l'ancienne bonne,
la dame Parent, couturière habituelle, fut de le désigner
comme l'auteur probable, comme le seul auteur possible
de l'assassinat. On lit en effet dans le procès-verbal du
juge d'instruction : « Les témoins nous déclarent que c'est
la seule relation de la victime qui puisse être soupçonnée,
et leur conviction est que cet homme n'a fait qu'exécuter
un projet qu'il méditait depuis longtemps. »

Prado nie énergiquement : il n'a jamais connu Marie
Aguétant. L'accusation fournit aisément la preuve du contraire.

Il est certain, tout d'abord, que Prado a passé une nuit
entière chez Marie Aguétant. Eugénie Forestier raconte
que Prado n'a découché qu'une fois, que, inquiète de ne
pas le voir revenir, elle est allée le matin chez Ibanez
demander des nouvelles. Ibanez admet l'exactitude du
fait, mais refuse de préciser la date. Ce ne sont là, sans
doute, que des présomptions, mais voici un témoignage
décisif. Rosalie Rutschmann, ancienne bonne de Marie
Aguétant, reconnaît formellement Prado. Confrontée pour
la première fois, le 27 juillet 1888, devant le juge d'instruction, elle s'écrie « sans la moindre hésitation, » ce
sont les termes mêmes du procès-verbal, dès qu'elle voit
entrer l'accusé : « C'est bien lui que j'ai vu chez Marie
Aguétant. » A l'audience, pressée de questions par le
président, elle affirme de la façon la plus positive qu'elle
a vu Prado un matin dans le lit de Marie Aguétant. Aucune méprise n'est possible. Elle rappelle, en effet, ce

détail : Prado l'a chargée d'aller prévenir, avenue d'Italie, numéro 62, qu'il ne rentrerait pas pour déjeuner. Au numéro 62, on répond que Prado est inconnu. Même réponse au numéro 52. A son retour chez Marie Aguétant, Prado avait quitté la chambre.

Une coïncidence remarquable confirmerait, au besoin, la déclaration du témoin. Rosalie Rutschmann était au service de Marie Aguétant depuis la fin du mois d'octobre jusqu'au 22 ou 23 novembre 1885 ; B..., l'amant en titre de Marie Aguétant, était sous les drapeaux du 19 octobre au 21 novembre, et c'est précisément le 2 novembre qu'Eugénie Forestier a touché à Boulogne-sur-Mer, envoi de son amant d'Amérique, la somme de huit cents francs sur laquelle, d'après ses allégations, Prado a prélevé la somme de cinq cents francs dont une partie a servi à payer les faveurs de Marie Aguétant.

Donc il est établi que l'accusé Prado a passé une nuit chez Marie Aguétant à la fin du mois d'octobre ou au commencement du mois de novembre 1885.

N'insistons pas, d'ailleurs ; la seule question, dont la solution importe au procès, est celle-ci : Prado a-t-il pénétré dans l'appartement de Marie Aguétant? En a-t-il connu les dispositions? Savait-il les habitudes de cette femme? A cet égard, le doute n'est pas possible. Rosalie Rutschmann, l'ancienne bonne, la veuve Rosenne, la concierge, ont vu à plusieurs reprises l'accusé Prado chez Marie Aguétant. En outre, Rosalie Rutschmann, la dame Parent, le sieur Clémencet, tapissier, racontent que, dans la matinée du 20 novembre, l'accusé Prado voulant entrer de force dans l'appartement de Marie Aguétant, une altercation avec la bonne s'ensuivit et ils durent interve-

nir. Ces témoins sont très affirmatifs. Il n'y a pas pour
eux place au doute, et Clémencet donne ce détail significatif qu'il est descendu de l'échelle et qu'il a vu Prado
bien en face.

L'accusé ne peut infirmer ni combattre ces témoignages.
Il supporte mal les confrontations : à plusieurs reprises,
le président doit insister pour qu'il relève la tête et se
tienne debout.

Ces mêmes témoins, Rosalie Rutschmann, la veuve
Rosenne et la dame Parent, s'accordent à reconnaître
dans Prado l'homme que Marie Aguétant appelait le petit
Américain, le Petit-Gris, celui des Solitaires.

Voilà donc une double démonstration faite. Des relations
ont existé entre Prado et Marie Aguétant; Prado, c'est
bien le petit Américain, le Petit-Gris, celui des Solitaires.

Les dénégations de l'accusé se retournent dès lors
contre lui. Sans doute, amant par occasion de Marie
Aguétant, Prado n'est pas par cela même l'assassin. Mais
pourquoi donc a-t-il affirmé constamment, avec une énergie qui ne s'est point démentie, n'avoir jamais connu
Marie Aguétant? Il n'avait assurément ni susceptibilité de
pudeur, ni situation à ménager. Comme tout libertin, il
tire volontiers vanité de ses succès auprès des femmes.
Par ses dénégations, il donne une importance exceptionnelle à ce fait désormais certain qu'il a été reçu à plusieurs reprises par Marie Aguétant dans son appartement
de la rue Caumartin.

III. Mais voici maintenant une constatation bien plus
grave : le signalement de l'assassin présumé s'applique à
l'accusé Prado.

Sur les indications fournies par Jeanne Fontanier, Rosalie Rutschmann et la femme Parent, le juge d'instruction dresse un signalement. N'en retenons que les éléments principaux, les traits qui frappent : « Taille légèrement au-dessous de la moyenne, paletot couleur noisette, chapeau en feutre noir à fond et à bords plats. »

La taille de l'accusé est bien légèrement au-dessous de la moyenne; Rosalie Rutschmann, qui l'a vu plusieurs fois chez Marie Aguétant, dit qu'il était petit.

Quel paletot Prado mettait-il d'ordinaire? Quelle était sa coiffure habituelle? Rosalie Rutschmann indique un paletot noisette ou marron clair, un chapeau de feutre rond. D'après la concierge, veuve Rosenne, Prado était toujours habillé de gris et portait souvent un chapeau de feutre. Ibanez et Prado sont confrontés le 17 juillet 1888. — *Prado*. « Vous souvenez-vous du pardessus que je portais? N'était-ce pas un pardessus foncé? Souvenez-vous bien. — *Ibanez*. « Vous portiez un pardessus clair. » A l'audience, Ibanez a donné la même indication. Quant à Eugénie Forestier, elle affirme que Prado portait un pardessus clair et un chapeau de feutre, le chapeau un peu plus bas que celui que l'on aperçoit ici sur la table. Et ce détail a certainement une grande utilité pour l'accusation, puisque Rosalie Rutschmann a fait une remarque identique; de telle sorte qu'en ce qui concerne le chapeau, il y a concordance parfaite entre les indications de Rosalie Rutschmann, bonne de Marie Aguétant, et les indications d'Eugénie Forestier, maîtresse de Prado.

Quelles personnes ont vu l'assassin en compagnie de Marie Aguétant le jeudi 14 janvier 1886? Jeanne Richard, la concierge, veuve Rosenne, Barbette Bürg. Reconnaissent-elles Prado? L'accusation ne le soutient pas; elle prétend seulement qu'il y a concordance entre le signalement de l'accusé Prado et le signalement de l'individu qui accompagnait Marie Aguétant. Jeanne Richard a vu Marie Aguétant partir de l'Eden-Théâtre avec un individu de taille moyenne, portant un paletot noisette assez clair et un chapeau forme plate. Montrant le chapeau qui est sur la table, elle a dit : « Chapeau dans ce genre, calotte un peu plus ronde, » reproduisant ainsi presque textuellement les déclarations de Rosalie Rutschmann et d'Eugénie Forestier. La concierge, veuve Rosenne, a vu que le compagnon de Marie Aguétant avait un chapeau bas. Quant à Barbette Bürg, au service de Marie Aguétant lors du crime, elle indique un pardessus clair ou marron foncé, un chapeau bas; dès la découverte du crime, le 15 janvier 1886, elle avait signalé un pardessus clair et un chapeau foncé, de la forme de ceux que l'on met en voyage.

Ainsi, en résumé, aux personnes qui l'ont vu, dans la soirée du 14 janvier 1886, accompagner Marie Aguétant, l'assassin apparaît de petite taille ou de taille moyenne, vêtu d'un pardessus clair, coiffé d'un chapeau de feutre. Aucune de ces indications n'est en opposition avec le signalement de Prado.

Deux circonstances particulières vont du reste prouver que le signalement de l'assassin présumé, tel que l'avaient donné au juge d'instruction, dès la découverte du crime, Jeanne Fontanier, Rosalie Rutschmann, la femme Parent, signalement qui concordait avec les indications fournies par Jeanne Richard, la veuve Rosenne, Barbette Bürg, relativement au compagnon de Marie Aguétant, est bien celui de l'accusé Prado. Ces deux circonstances sont le changement de costume et un article du journal *la Nation*.

Le lendemain du crime, Prado s'est dépouillé de son costume habituel et a revêtu un costume tout différent. Il n'y a pas à cet égard que les déclarations formelles d'Eugénie Forestier ; on peut invoquer la déclaration d'Ibanez et dans une certaine mesure l'aveu même de Prado. Ibanez a répété à l'audience, ainsi qu'il l'avait déjà dit au juge d'instruction, que la veille du départ pour l'Espagne, c'est-à-dire le vendredi 15 janvier, Prado avait un pardessus foncé : « Je n'ai jamais revu en sa possession, dit-il, le pardessus clair. » Prado, interrogé à l'audience, a répondu qu'avant de partir il s'était acheté un pardessus pour remplacer son pardessus clair ; ce dernier pardessus étant de demi-saison, il avait voulu se procurer un vêtement plus chaud pour l'hiver.

Les journaux parus dans la soirée du vendredi 15 janvier se bornaient à l'annonce du crime. Ils ajoutaient seulement : « L'assassin est inconnu ; on n'a pu suivre de trace ; on n'a pas trouvé d'objet de nature à le faire reconnaître. » Il en fut de même pour les journaux parus dans la matinée du samedi 16. Prado fut rassuré. Si on en croit les indications d'Eugénie Forestier, pendant la journée du vendredi, pendant la matinée du samedi, il affecta de l'indifférence et même une cynique gaîté. Mais dans l'après-midi du samedi, le journal *la Nation* donnait des détails circonstanciés, fort complets sur le crime. Ce journal est antidaté, on le distribue à Paris entre 4 et 5 heures du soir. Dans le numéro du dimanche 17 janvier, vendu par conséquent le samedi entre 4 et 5 heures, on lisait : « L'assassin est connu ; il a été vu souvent avec Marie Aguétant. Ce criminel n'a rien de vulgaire. C'est un misérable qui a combiné son crime sagement, lentement, avec un sang-froid terrible. Il a choisi absolument son moment..... Marie Aguétant le désignait sous ce nom : « mon Américain..... » Le signalement donné par la bonne et par la concierge se rapporte absolument à celui de l'Américain qui était connu par l'ancienne bonne de la victime et par diverses autres personnes. C'est un homme de taille et de force moyennes..... Il porte un pardessus couleur café au lait clair, court, un petit chapeau rond à bords plats et un pantalon à petits carreaux. »

« L'Américain ! Taille moyenne ! Un pardessus clair ! Un chapeau rond à bords plats ! Mais c'est moi, je suis reconnu, il faut fuir. » Et aussitôt Prado se précipite au domicile d'Eugénie Forestier, rue Baudin, 11 *bis*, et sans désemparer, rassemble ses vêtements et un paquet enveloppé de papier. Il refuse de toucher au repas préparé, court chez Ibanez, roule ses vêtements et son paquet dans une valise que lui prête Ibanez, s'arrête quelques instants à peine à la brasserie Zimmer, prend deux voitures, l'une pour Eugénie Forestier et Ibanez, l'autre pour lui, se jette dans l'express de Bordeaux et disparaît en Espagne. « On dirait que tu te sauves, » remarque Eugénie Forestier. Eugénie Forestier disait vrai. Prado s'était reconnu dans le signalement publié par le journal *la Nation*. Il fuyait ; il allait se cacher en Espagne, espérant déjouer les recherches de la police.

IV. « Moi me sauver ! Pourquoi donc ? Le crime est postérieur à minuit, tout au moins l'assassin a quitté après minuit l'appartement de Marie Aguétant. Or, avant minuit, j'étais rendu au domicile d'Eugénie Forestier, rue Baudin, 11 *bis*. »

Prado allègue donc un alibi. C'est un moyen dont il se plaît à user. Nous retrouverons un prétendu alibi à propos du vol de bijoux commis à Royan. Les grands criminels invoquent d'ailleurs assez volontiers l'alibi. A moins de circonstances exceptionnelles, nul n'observe l'heure attentivement. Il est rare que plusieurs personnes interrogées sur l'heure précise à laquelle un fait s'est accompli ne donnent des indications différentes ; au milieu des divergences et des contradictions sur l'heure, un alibi est toujours spécieux.

Quelle est l'argumentation de Prado ? « Suivant les déclarations d'Eugénie Forestier, j'étais rentré chez elle avant minuit. Le ministère public est obligé d'accepter cette déclaration. Or, c'est seulement après minuit que l'assassin est sorti de l'appartement de Marie Aguétant. » J'accepte en effet la déclaration d'Eugénie Forestier. J'admets que Prado était rentré avant minuit rue Baudin, 11 *bis*, mais je soutiens que le crime est antérieur à minuit, que Prado a eu le temps de l'accomplir et d'arriver avant minuit chez Eugénie Forestier.

A quelle heure Marie Aguétant est-elle rentrée le 14 janvier 1886 ? Quatre témoins répondent à cette question, Jeanne Richard, la concierge, veuve Rosenne, Aline Gourmand, sœur de la concierge, Barbette Bürg. « Il était à peu près onze heures, a déclaré Jeanne Richard, quand Marie Aguétant a quitté l'Eden-Théâtre. Il m'est impossible de préciser. » Dans le cours de l'instruction, elle avait fourni la même donnée. Procès-verbal du 15 janvier

1886. « Elle déclare que hier soir, à l'Eden, vers onze heures, sans pouvoir préciser, elle a vu Marie Aguétant partir. » 27 juillet 1888. « Dans la soirée du 14 janvier 1886, vers onze heures ou onze heures un quart, je ne saurais affirmer à dix minutes près, j'ai vu, comme je vous l'ai déjà déclaré, Marie Aguétant quitter l'Eden. » Confrontation. — *Prado.* « Je voudrais que vous précisiez exactement l'heure à laquelle Marie Aguétant est partie. Était-il moins de onze heures? Vous comprenez que cela a beaucoup d'intérêt pour moi. » — *Jeanne Richard.* « Je ne puis préciser. Je causais à ce moment avec quelqu'un et je n'ai pas fait bien attention à l'heure. » En résumé, c'est vers onze heures, sans pouvoir préciser autrement, que Jeanne Richard a vu Marie Aguétant quitter l'Eden-Théâtre. De l'Eden-Théâtre au numéro 52 de la rue Caumartin, la distance est très courte, il faut au plus deux minutes. La veuve Rosenne, concierge, s'exprime ainsi dans l'instruction. Procès-verbal du 15 janvier 1886. « Elle soutient que ce n'est pas à minuit, mais au contraire bien plus tôt qu'à l'ordinaire et avant que le gaz, qu'on ferme à onze heures, ait été éteint, que Marie Aguétant est revenue. » 29 juillet 1888. « Je ne puis dire exactement quelle heure il était, c'était seulement plus tôt que d'habitude. Je me suis dit : Tiens ! elle rentre déjà. Il devait être vers les onze heures. Le gaz était allumé. » 8 août 1888. « Je suis convaincue qu'il était moins de onze heures quand Marie Aguétant est rentrée. Il n'était pas beaucoup plus de dix heures et demie. » A l'audience, ce même témoin fixe de dix heures et demie à onze heures moins un quart l'heure de la rentrée de Marie Aguétant. » C'était plus tôt que de

coutume, a-t-il ajouté. Aussi ai-je regardé la pendule. »
En résumé, d'après la concierge, veuve Rosenne, Marie
Aguétant était chez elle au plus tard à onze heures. Aline
Gourmand, sœur de la concierge, donne des indications
identiques. 3 août 1888. « Je suis bien sûre qu'il n'était
pas onze heures quand Marie Aguétant est revenue avec
un individu dont j'ai aperçu seulement le bas des jambes.
Je suis partie après onze heures. En regardant à l'horloge
pneumatique, qui est boulevard Haussmann à l'entrée de
la chaussée d'Antin, il était onze heures vingt; quand je
suis partie le gaz n'était pas éteint. » 1er septembre 1888.
« Pour moi, comme je vous l'ai déjà dit, il devait être
entre dix heures et demie et onze heures moins un quart
quand Marie Aguétant est rentrée. J'estime que j'ai dû
mettre cinq minutes pour aller de chez ma sœur au carrefour de la Chaussée-d'Antin où est l'horloge pneumatique,
c'est donc vers onze heures un quart que j'ai quitté
la rue Caumartin. » A l'audience, elle place entre dix
heures et demie et onze heures le moment du retour de
Marie Aguétant et elle ajoute que sa sœur a fait cette
remarque : « Tiens, Marie Aguétant rentre de bonne
heure aujourd'hui. » Un fait particulier permet à ce témoin de bien préciser. Il est resté chez sa sœur tout au
plus une demi-heure après la rentrée de Marie Aguétant.
De la rue Caumartin au croisement du boulevard Haussmann et de la rue de la Chaussée-d'Antin, cinq minutes
suffisent; au carrefour du boulevard Haussmann et de la rue
de la Chaussée-d'Antin, l'horloge pneumatique marquait
onze heures vingt. Donc, c'est certainement avant onze
heures que Marie Aguétant a frappé à la loge du concierge.
　Ces témoignages sont-ils infirmés, contredits par celui

de Barbette Bürg, bonne de Marie Aguétant? Assurément non. Qu'importe que le 15 janvier, lors de la découverte du crime, elle « se souvienne qu'il était minuit quand sa maîtresse est rentrée? » Le procès-verbal du juge d'instruction constate que la domestique Barbette Bürg « est dans un état de véritable stupeur et qu'il est impossible d'en tirer aucun renseignement précis. » Qu'importe encore que le 27 juillet 1888, à l'instruction, elle dise « vers onze heures et demie ou minuit? » A l'audience elle a dit « vers onze heures ou onze heures et demie. » Les indications de ce témoin sont confuses, contradictoires; il n'a pas de l'heure une notion bien nette et cela s'explique par un double motif. Aucun fait particulier n'a attiré son attention sur l'heure. D'autre part, il est d'intelligence bornée, ainsi que l'attestent plusieurs personnes dans l'instruction. Mais il est inutile d'insister sur ce dernier point; vous avez pu vous convaincre vous-mêmes à l'audience, messieurs les Jurés.

Que résulte-t-il, en résumé, de ces divers témoignages? Jeanne Richard ne peut préciser, Barbette Bürg ne donne pas en réalité d'indications quant à l'heure. Seuls, les témoignages de la concierge et de sa sœur, Aline Gourmand, ont de l'importance : d'abord ils concordent, ensuite l'heure a été fixée dans l'esprit de ces témoins par des particularités : Marie Aguétant rentre plus tôt que de coutume, Aline Gourmand remarque l'heure à l'horloge pneumatique du carrefour du boulevard Haussmann et de la rue de la Chaussée-d'Autin.

L'accusation peut donc tenir pour certain que Marie Aguétant était rendue dans son appartement à onze heures au plus tard.

Que se passe-t-il dans la maison à partir de onze heures? Deux faits seulement sont établis : 1° Aline Gourmand part à onze heures et quart. Peu d'instants après, la concierge, sa sœur, éteint le gaz et se met au lit. 2° Mlle Malebranche rentre à onze et demie, le gaz était éteint. « Je quitte très-exactement la maison où je travaille et je suis bien sûre d'être rentrée à onze et demie : le gaz était éteint. » C'est en ces termes que ce témoin s'est exprimé à l'instruction le 16 août 1888 et à l'audience.

A partir de onze heures et demie, ce ne sont plus dans la maison qu'allées et venues. Pleuget quitte le concert de la Pépinière à onze heures et demie; il rentre vers minuit. Leclerc et sa sœur, la dame Massé, reviennent en voiture du théâtre de la Gaîté. Les bonnes du propriétaire, Marie Prévost et Léonie Marceau, regagnent leur chambre vers une heure. Plus tard ou dans l'intervalle, Barbette Bürg descend causer à la concierge. B... arrive à trois heures. Ces allées et venues provoquent des bruits de toute sorte : des coups sont frappés à la loge du concierge, un parapluie tombe, l'une des bonnes du propriétaire trébuche dans l'escalier. Pendant ce laps de temps que fait la concierge? Elle ne le sait guère. Le gaz éteint aussitôt après le départ de sa sœur, à onze heures et quart, elle se couche, sommeille et tire machinalement le cordon. N'a-t-elle pas résumé très exactement sa déposition en disant? « Il est assez difficile de se rendre compte à une demi-heure près de ce qui se passe quand on sommeille. » Ainsi, à partir de onze heures et demie, il n'y a plus que confusion, incertitude, trouble, bruit.

Écartons donc les faits postérieurs à onze heures et

demie, ils sont sans intérêt, sans rapport direct avec l'accusation.

A quelle heure Prado était-il rendu rue Baudin, 11 *bis?* Voici les déclarations d'Eugénie Forestier. 9 mai 1888. « Quand Prado est rentré, était-il onze heures et demie, minuit moins un quart, je ne saurais le dire, mais il n'était certainement pas encore tout à fait minuit. » 8 août 1888. « Êtes-vous bien sûre de l'heure à laquelle il est rentré? » — « Parfaitement, il pouvait être minuit moins cinq, mais il n'était pas plus de minuit. Je vous l'ai dit dès les premiers jours et mes souvenirs sont bien précis. » 27 août 1888. « J'affirme qu'il n'était pas plus de minuit moins cinq, car minuit a sonné à la pendule du salon quelques instants à peine après qu'il était rentré. La pendule allait très bien. Je ne puis préciser l'heure de sa rentrée à une minute près, mais il y avait très peu de temps qu'il était de retour, quand j'ai entendu sonner minuit. »

En résumé, Prado est arrivé rue Baudin, 11 *bis,* quelques minutes avant minuit. Disons à minuit moins cinq. Je tiens le fait pour constant. Qu'il me soit cependant permis de présenter deux observations. Ce n'est pas à une horloge ou à la pendule d'un appartement voisin qu'Eugénie Forestier a entendu sonner l'heure de minuit. La pendule n'est même pas dans la chambre. Prado, préoccupé de se ménager un alibi, n'aurait-il pas pu, en passant par la salle à manger, retarder la pendule? N'a-t-il pas eu soin, d'ailleurs, d'appeler l'attention d'Eugénie Forestier sur l'heure de sa rentrée, précaution que ne manquent jamais de prendre les criminels désireux de plaider l'alibi?

Mais passons. Prado, je l'admets, est à minuit moins cinq rue Baudin, 11 *bis*. Quel laps de temps lui faut-il pour parcourir la distance qui sépare le numéro 52 de la rue Caumartin du numéro 11 *bis* de la rue Baudin? Un procès-verbal dressé par le commissaire de police donne les indications suivantes : « Voiture, trot ordinaire, plutôt lent, huit minutes; pas accéléré, alterné avec le pas gymnastique, douze minutes; bon pas accéléré, treize ou quatorze minutes. » Dès lors, pour arriver rue Baudin, 11 *bis,* à minuit moins cinq, Prado doit partir du numéro 52 de la rue Caumartin, en voiture, à minuit moins treize, au pas accéléré, alterné avec le pas gymnastique à minuit moins dix-sept, au bon pas accéléré à minuit moins dix-huit ou moins dix-neuf. Étant donnée l'agilité de Prado, on doit aisément admettre qu'il a pris le pas accéléré alterné avec le pas gymnastique; donc, en compte rond, il suffit que Prado se soit enfui de l'appartement de Marie Aguétant, rue Caumartin, numéro 52, à minuit moins un quart ou à minuit moins vingt minutes. Il était arrivé chez Marie Aguétant à onze heures au plus tard. Il a donc eu trois quarts d'heure ou quarante minutes à sa disposition. C'était bien plus de temps qu'il n'en fallait pour l'assassinat et le vol.

La scène a été immédiate et rapide. Les procès-verbaux de constat dressés par le commissaire de police et par le juge d'instruction dès la découverte du crime, les déclarations de la bonne Barbette Bürg et de B..., l'amant, permettent de la décrire exactement. Pendant que la bonne découvre le lit, prépare les objets nécessaires à la toilette de nuit, Marie Aguétant se déshabille. Quand la bonne sort de la chambre, Marie Aguétant n'a plus que ses jupons. Le cadavre portait seulement la chemise, les bas et une pantoufle. Donc, Marie Aguétant n'avait pas achevé de se dévêtir. Le lit n'est pas défait. Le corps ne présente aucune trace de lutte. La mort a été foudroyante, instantanée. Donc Marie Aguétant a été frappée quelques instants après son entrée dans la chambre, aussitôt après la sortie de la bonne. Un seul meuble a été fouillé, l'armoire à glace; la clé placée dans la serrure a permis d'ouvrir aussitôt. Vider les écrins, éventrer d'un coup de rasoir le sac contenant les valeurs et l'argent, c'était l'affaire d'un instant. En moins d'un quart d'heure, les péripéties de l'assassinat et du vol se sont déroulées. Or, Prado, nous l'avons démontré, avait à sa disposition trois quarts d'heure ou quarante minutes.

Concluons. Arrivé au plus tard à onze heures dans l'appartement de Marie Aguétant, Prado pouvait aisément consommer l'assassinat et le vol, épier un moment favorable et s'échapper à minuit moins vingt ou à minuit moins un quart, de manière à être rendu à minuit moins cinq rue Baudin, 11 *bis,* au domicile d'Eugénie Forestier. Il convient dès lors de ne pas s'attarder davantage à la discussion d'un alibi. Reprenons l'ordre chronologique des faits.

V. Dans la soirée du samedi 16 janvier, Prado part pour l'Espagne par l'express de Bordeaux; il emporte avec lui les bijoux de Marie Aguétant.

Deux circonstances révélées par l'instruction et par les débats, insignifiantes en apparence, ont dû cependant, messieurs les Jurés, frapper votre attention. Prado prend au domicile d'Eugénie Forestier, indépendamment de ses

vêtements, un paquet enveloppé de papier; chez Ibanez,
il glisse le tout dans une valise, puis, au sortir de la
brasserie Zimmer, monte seul dans une voiture. Eugénie
Forestier et Ibanez l'accompagnent à la gare dans une
autre voiture. Que contenait ce paquet enveloppé de papier? Pourquoi Prado s'isole-t-il dans une voiture? Son
but, c'est de cacher sans témoins, dans la valise, au
milieu des vêtements, les bijoux de Marie Aguétant. Nous
allons suivre aisément en Espagne la trace de ces bijoux.

Au cours de l'information, Mauricette Couronneau et
Eugénie Forestier avaient fait des révélations intéressantes. A plusieurs reprises, Prado s'était vanté de posséder des bijoux en Espagne. « J'ai vu, disait Mauricette
Couronneau, les mots : « Platerio, plazza Mayor » sur
l'enveloppe d'une lettre adressée par Prado à Madrid et
qu'il fit porter par ma sœur à la poste, à Bordeaux. »
« Prado m'a raconté, déclarait à son tour Eugénie Forestier, que les bijoux volés à Marie Aguétant avaient été confiés par lui, quelques-uns à un ancien officier de l'armée
espagnole, la plupart à un bijoutier de Madrid dont il avait
courtisé la fille. Je me souviens que Prado m'a montré la
photographie de cette jeune fille; je me souviens aussi qu'il
reçut un jour, à Paris, une lettre de Madrid portant les
mots : « Comercio de oro, plazza Mayor. » Coïncidence
singulière! A des époques différentes, dans des lieux
distincts, dans des circonstances sans rapport entre elles,
des mots à peu près identiques, correspondant à une
même adresse à Madrid, avaient frappé l'attention de
Mauricette Couronneau et d'Eugénie Forestier, si bien
qu'ils étaient restés gravés dans leur esprit. « Qu'est devenue la lettre à laquelle vous faites allusion? » demande le

juge d'instruction. « Peut-être, répond Eugénie Forestier, en retrouverait-on quelques fragments dans ma chambre. » Le juge d'instruction se transporte le lendemain, 26 mai, au dernier domicile d'Eugénie Forestier, rue Saint-Georges, numéro 46, et il saisit dans une malle un fragment de lettre portant cet en-tête : « Comercio de oro, plata y pedreria, 2, Ciudad Rodrigo, Madrid. » Ce fut un trait de lumière. On tenait la piste des bijoux.

Aussitôt M. le juge d'instruction Guillot adresse par la voie diplomatique des commissions rogatoires à l'autorité espagnole. Qu'est-ce donc qu'une commission rogatoire? C'est la commission donnée à un juge d'un autre siège ou d'un autre pays de procéder à quelque acte de l'ordre civil ou criminel. On conçoit aisément qu'un juge français n'a pas qualité pour faire des actes d'instruction en dehors de son ressort et, à plus forte raison, sur un territoire étranger. Mais les commissions rogatoires ne peuvent prévoir toutes les hypothèses. M. le juge d'instruction Guillot comprend la nécessité de se rendre en Espagne pour fournir verbalement à l'autorité espagnole les indications utiles. Avec l'assentiment de M. le garde des Sceaux, il part pour Madrid. Agissant ainsi, M. le juge d'instruction Guillot n'innovait certes pas; ne voit-on pas de temps à autre le juge d'instruction ou le procureur de Bruxelles se transporter à Paris afin d'assister les magistrats français chargés de l'exécution de commissions rogatoires? M. le juge d'instruction Guillot allait donc à Madrid uniquement pour fournir des renseignements à l'autorité espagnole et seconder ses efforts. Est-il besoin d'ajouter que M. Guillot, magistrat français, ne pouvait songer à accomplir sur le territoire espagnol un acte quelconque d'instruction?

L'instruction proprement dite était exclusivement de la compétence de l'autorité espagnole. Ces explications de droit et de fait montrent combien est dépourvu de portée juridique l'incident soulevé au cours des débats par Prado et par son défenseur et qui tendait à faire écarter du débat la procédure suivie en Espagne.

Le Gouvernement espagnol, par déférence pour le Gouvernement français, charge de l'exécution des commissions rogatoires le chef du service de la sûreté. Celui-ci se rend plazza Mayor, 2, Ciudad Rodrigo. Là se trouve en effet une petite boutique de bijouterie. Il est reçu par Mme Julia Cordoba y Noguès, femme d'Antonio Ximenès. (Ce dernier a quitté Madrid dans le courant de l'année 1887, et il a été impossible de retrouver sa trace.) Montrant une photographie de Prado : « Connaissez-vous cette photographie ? »

« Assurément. C'est la photographie de M. le comte Linska de Castillon. »

« Comment le savez-vous ? »

« M. le comte Linska de Castillon est venu nous voir à plusieurs reprises dans le courant du mois de janvier 1886. Il a même courtisé l'une de mes filles, Purita, et nous a laissé sa photographie. »

« Avez-vous conservé cette photographie ? »

« La voilà. Elle porte quelques mots aimables écrits de la main du comte. Voici en outre une photographie de ma fille. »

« A quelle occasion M. le comte Linska de Castillon est-il venu chez vous ? »

« Au mois de janvier 1886, le comte Linska de Castillon, acccompagné d'un autre monsieur, gros, de petite taille (c'est précisément, messieurs les Jurés, José Garcia Jimeno, le singulier témoin que vous avez entendu à une précédente audience) est venu trouver mon mari et lui a proposé la vente de bijoux pour 30,000 réaux (7,500 fr.). Nous avons refusé. Il a demandé si nous ne nous chargerions pas de mettre ces bijoux en gage. Mon mari a accepté. »

« Reconnaîtriez-vous ces bijoux au signalement? » (Le chef de la sûreté lit le signalement des bijoux de Marie Aguétant).

« Je me rappelle seulement, mais parfaitement, une montre à remontoir émaillée avec des brillants, un peigne en écaille avec seize brillants et roses, deux épingles pour cheveux en écaille avec les brillants, un collier de brillants et roses pareil au dessin qui m'est exhibé (c'était le dessin du collier fourni par la maison Fontana, Palais-Royal, Paris), un bracelet en or formant deux arcs (cercles); sur l'un il y avait une marguerite en brillants et sur l'autre une fleur avec un saphir. »

« Avez-vous quelques documents relatifs à ces bijoux? »

« Je crois que mon mari a reçu plusieurs lettres de M. le comte Linska de Castillon. Je m'en vais faire des recherches. » (Quelques instants après, Mᵐᵉ Julia Cordoba y Noguès remet au chef de la sûreté quatre lettres adressées à son mari par le comte Linska de Castillon, datées de Bordeaux et de Saragosse, 7 février, 6 avril, 10 juillet 1886, 2 février 1887. Il est inutile de les lire, le texte est littéralement reproduit dans l'autographie placée sous vos yeux, pages 107, 114, 115, 118. Elles se réfèrent, ainsi qu'une autre lettre datée du 27 janvier

1887 et reproduite à l'autographie page 116, aux bijoux confiés par Prado à Antonio Ximenès).

Le chef de la sûreté poursuit l'interrogatoire.

« Savez-vous ce que sont devenus les bijoux? »

« Je l'ignore. Je crois me souvenir cependant que l'un de ces bijoux, un peigne en écaille avec brillants, a été engagé rue Montera, numéro 41. »

Le chef de la sûreté se transporte aussitôt rue Montera, numéro 41, et il relève, sur le registre de cette maison de prêts sur gages, au feuillet numéro 15, recto, sous le numéro 1884, à la date du premier février 1886, l'engagement d'un peigne en écaille avec brillants pour la somme de 800 réaux (200 fr.) au nom de José Garcia Jimeno, domicilié rue de la Cebada, numéro 5.

« José Garcia Jimeno! Ce nom-là ne m'est pas inconnu, dit le consul de France à M. le juge d'instruction Guillot qui l'entretenait de la découverte si importante que venait de faire M. le chef de la sûreté. Je crois avoir reçu, dans le courant de l'année dernière, la visite d'un individu de ce nom qui offrait de révéler, moyennant une prime, le nom de l'auteur d'un assassinat commis à Paris. Je l'ai renvoyé à M. l'ambassadeur de France à Madrid. » On fait des recherches et on trouve quatre lettres signées José Garcia Jimeno, demeurant à Madrid, calle de la Cebada, 5, adressées aux mois d'avril, mai, juin 1887, l'une à l'ambassadeur de France, à Madrid, les trois autres au préfet de police, à Paris.

Il importait d'interroger José Garcia Jimeno. Sans hésitation aucune, sans réticences, il raconte au chef de la sûreté ce qui suit. « J'ai effectivement engagé le premier février 1886, rue Montera, numéro 41, un peigne en écaille

avec brillants. Ce peigne m'avait été confié par le comte
Linska de Castillon, au mois de janvier 1886. Le comte
était porteur de nombreux et riches bijoux. Je l'ai accompagné, 2, Ciudad Rodrigo, plazza Mayor, dans une
boutique où on s'est chargé d'engager la plupart de ces
bijoux. »

« Pourriez-vous esquisser le dessin du peigne en
écaille avec brillants et roses que vous avez engagé et
aussi le dessin de quelques-uns des principaux bijoux que
vous avez vus aux mains du comte Linska de Castillon? »

« Très-volontiers. »

Et aussitôt, José Garcia Jimeno esquisse quatre dessins, le dessin du peigne en écaille, le dessin d'un bracelet, le dessin d'une montre, le dessin d'une aiguille
ou épingle de cravate en forme de poignard. Ces quatre
dessins sont au dossier, messieurs les Jurés, et vous
ont été représentés pendant le cours des débats.

« Comment connaissiez-vous le comte Linska de
Castillon? »

« Je suis le compatriote de sa femme, Dolorès Garcès y Marcilla, originaire, comme moi, de Calatayud,
province de Saragosse. »

« Donnez-nous son adresse. »

« Calle de los Estudios, numéro 17, aux mansardes. »

Interrogée par le chef de la sûreté, Dolorès Garcès
y Marcilla raconte que, dans le courant des mois de
janvier et de février 1886, son mari, le comte Linska
de Castillon, est venu la voir deux ou trois fois et lui
a donné une bague et une épingle en or à cheveux ou
pour chapeau, forme abeille ailes déployées, mais qu'elle
a dû vendre ces bijoux pour payer le loyer de sa man-

sarde. Toutefois elle esquisse un dessin de l'épingle. Ce dessin est au dossier.

Nanti de la photographie du comte Linska de Castillon, ainsi que de la photographie de Purita Ximenès et des lettres adressées par Prado à Antonio Ximenès, photographies et lettres que Mme Julia Cordoba y Noguès avait remises au chef de la sûreté, nanti également des dessins de bijoux esquissés par José Garcia Jimeno et par Dolorès Garcès y Marcilla, M. le juge d'instruction Guillot retourne à Paris. La photographie de Purita Ximenès est montrée à Eugénie Forestier; les dessins des bijoux sont présentés à la femme Parent, couturière habituelle de Marie Aguétant, à B... son amant. Eugénie Forestier reconnaît la photographie de Purita Ximenès; la femme Parent et B... reconnaissent que les dessins se rapportent aux bijoux de Marie Aguétant.

L'instruction avait fait un pas décisif. Il était établi : 1° que, pendant son séjour en Espagne, aux mois de janvier, février 1886, Prado avait disposé d'un grand nombre de riches bijoux; 2° que ces bijoux étaient semblables à ceux de Marie Aguétant.

Les bijoux de Marie Aguétant sont énumérés et décrits aux pages 1 et 2 de l'autographie que vous avez sous les yeux. Pour abréger, je limiterai mes observations à quatre d'entre eux qui présentent des particularités caractéristiques et ont en quelque sorte une individualité : peigne en écaille avec seize brillants et roses, épingle de cravate ou de chapeau forme poignard avec rubis, montre à remontoir émaillée en bleu avec des brillants, épingle à chapeau en or avec une abeille, les ailes ouvertes, garnie de brillants et le corps en rubis.

1° Peigne en écaille avec seize brillants et roses.

C'est le peigne engagé le premier février 1886 par José Garcia Jimeno, rue Montera, numéro 41. José Garcia Jimeno a tracé un dessin que voilà. B... et la femme Parent affirment dans l'instruction et à l'audience que la ressemblance est grande, presque parfaite.

2° Épingle de cravate ou de chapeau forme poignard avec rubis.

Deux dessins sont au dossier faits l'un par José Garcia Jimeno, l'autre par B.... Ils concordent, et la femme Parent reconnaît sans aucune hésitation à ces dessins les bijoux de Marie Aguétant. Notons que cette épingle avait été donnée par B... à Marie Aguétant et que dès lors il était parfaitement en mesure de la décrire avec précision.

3° Montre à remontoir, émaillée en bleu avec des brillants.

Sans doute une montre à remontoir n'est pas un objet rare, mais la montre à remontoir de Marie Aguétant était émaillée. Or, voici que José Garcia Jimeno, de lui-même, spontanément, sans qu'aucune question eût attiré son attention sur ce point, a écrit au bas du dessin, (je lis textuellement) : « Cette montre est celle qui était émaillée par derrière. » Bien plus, l'émail de la montre de Marie Aguétant était légèrement ébréché à gauche. C'est B... qui a fourni ce détail, donnant ainsi une importance exceptionnelle à cette indication d'Eugénie Forestier : « Prado m'avait signalé, dit-elle dans l'instruction, parmi les bijoux de Marie Aguétant, une petite montre à remontoir émaillée, dont l'émail bleu présentait une légère éraflure. » Cette coïncidence frappe tellement le juge d'instruction qu'il croit devoir interroger à nouveau Eugénie

Forestier. — 27 août 1888. « Êtes-vous bien certaine qu'il vous ait parlé d'une petite montre dont l'émail bleu était abîmé? » — « Bien sûre. »

4° Épingle à chapeau en or avec une abeille, les ailes ouvertes, garnies de brillants et le corps en rubis.

Cette épingle fut donnée au mois de janvier 1886 par Prado à sa femme Dolorès Garcès y Marcilla. Au dire de B... et de la femme Parent, le dessin remis par Dolorès Garcès y Marcilla reproduit le bijou de Marie Aguétant. Voici, d'autre part, comment s'exprime dans l'instruction en Espagne Dolorès Garcès y Marcilla. 11 juillet 1888. « Une épingle pour les cheveux ou pour le chapeau, d'une longueur de plus de trois pouces environ. Le bout de cette épingle formait une abeille ou une grande mouche avec étincelles en diamant. » 2 août 1888. « Une épingle en or émaillée avec brillants qui avait la forme d'une abeille. » Peut-on douter un instant qu'il s'agisse du bijou de Marie Aguétant quand on lit au signalement : « épingle à chapeau en or avec une abeille, les ailes ouvertes, garnies de brillants et le corps en rubis? »

En résumé, un témoin, Julia Cordoba y Noguès reconnaît au signalement des bijoux de Marie Aguétant, dont lecture lui est donnée par le chef de la sûreté, la plupart des bijoux apportés par Prado à Antonio Ximenès, son mari; deux autres témoins, José Garcia Jimeno, Dolorès Garcès y Marcilla décrivent les bijoux qu'ils ont reçus de Prado : la description, les dessins se rapportent exactement aux bijoux de Marie Aguétant, ce sont les personnes de l'entourage de Marie Aguétant, sa couturière habituelle, son amant qui l'affirment.

« Simple coïncidence, dira Prado; bijoux et bijoux se

ressemblent. Que valent des dessins faits de mémoire deux ans et demi après que les bijoux ont disparu? Comment peut-on sérieusement prétendre qu'on reconnaît tel ou tel bijou sur un dessin grossier? »

Sans doute, l'accusation ne représente pas les bijoux eux-mêmes. Ils ont disparu, deux ans et demi se sont écoulés entre le départ de Prado pour l'Espagne et le voyage de M. le juge d'instruction Guillot à Madrid. Mais comment attribuer au pur effet du hasard cette concordance parfaite entre les descriptions détaillées données par les témoins d'Espagne et les souvenirs des témoins de Paris? Qu'on le remarque bien d'ailleurs. Tandis que Julia Cordoba y Noguès, femme d'Antonio Ximenès, s'est bornée à répondre qu'elle reconnaissait tel ou tel bijou sur la liste et au signalement qu'on lui soumettait, José Garcia Jimeno et Dolorès Garcès y Marcilla, au contraire, n'ont jamais connu le signalement des bijoux de Marie Aguétant. On le leur a soigneusement caché et ils ont fourni leurs indications, tracé les dessins de mémoire, en faisant appel à leurs seuls souvenirs. Comment comprendre que quatre témoins, l'un en Espagne, les trois autres en France s'accordent pour signaler une petite montre à remontoir émaillée? Comment se fait-il que, l'émail de la montre portant une légère éraflure, cette particularité tellement significative ait pu être révélée au cours de l'instruction par Eugénie Forestier qui n'a jamais connu ni Marie Aguétant, ni une personne quelconque de l'entourage de Marie Aguétant, ni José Garcia Jimeno? Pourquoi Prado part-il pour l'Espagne précisément au lendemain de l'assassinat? Pourquoi quitter Paris? Paris, bien mieux que Madrid, offrait toute fa-

cilité pour l'écoulement des bijoux. Mais les journaux de
Paris avaient publié le signalement des bijoux de Marie
Aguétant. Prado pouvait-il sans imprudence tenter la
vente à Paris? En Espagne, à Madrid, ses agissements
devaient passer inaperçus.

Quelles explications Prado a-t-il fournies au cours de
l'instruction? Il importe de lire ses interrogatoires en
entier. (Il s'agit seulement de ceux qui ont trait à la
question des bijoux.) Les mensonges, les contradictions,
les invraisemblances se pressent, s'accumulent.

Premier interrogatoire. 25 mai 1888.

« N'avez-vous pas, pendant votre voyage en Espagne,
fait la cour à la fille d'un bijoutier? »

« Je ne me le rappelle pas. »

« Il devait demeurer plazza Mayor. »

« Je ne l'ai pas connu. »

« Ainsi, vous affirmez que vous n'avez jamais été en
rapport avec un bijoutier demeurant plazza Mayor? »

« Non, monsieur. »

Deuxième interrogatoire. 29 mai 1888.

« Veuillez vous expliquer au sujet d'un bijoutier de
Madrid dont vous aviez demandé la fille en mariage. »

« Je ne sais pas ce que cela veut dire. »

« Avez-vous été en relations avec un bijoutier de
Madrid? »

« Non, monsieur. »

« Vous en êtes bien sûr? »

« Oui, monsieur. »

« Vous ne lui avez jamais écrit? »

« Jamais. »

« Par bijoutier, nous entendons marchand d'or, de pierreries, de diamants. »

« Je n'en connais aucun. »

« Depuis que vous êtes venu à Paris et que vous avez vécu avec la fille Forestier, avez-vous vendu ou engagé des diamants en Espagne? »

« Jamais. »

« Vous entendez bien ma question? Il n'y a pas d'équivoque. »

« Non, je dis bien. Jamais. »

« Connaissez-vous un marchand d'or qui reste à Madrid, Ciudad Rodrigo? »

« Oui, je le connais. »

« Vous disiez tout à l'heure que vous n'en connaissiez pas. »

« Je connais tout le monde à Madrid. »

« Quels rapports avez-vous eus avec ce négociant? »

« Quand je suis allé à Madrid, en 1886, je l'ai rencontré deux ou trois fois au café. Je ne lui ai montré ni bijoux, ni diamants. »

« Lui avez-vous écrit depuis? »

« Oui, pour lui demander de ses nouvelles et il m'a répondu. »

Troisième interrogatoire. 7 juin 1888.

« Quel est le bijoutier dont Mauricette Couronneau a vu un jour l'adresse sur un morceau d'enveloppe? »

« Je ne sais pas ce qu'elle a voulu dire. »

« N'avez-vous jamais écrit à aucun bijoutier, soit pour vendre, soit pour engager des bijoux ? »

« Jamais je n'ai écrit. »

« Vous l'affirmez? »

« Oui, monsieur. Je vous l'assure. »

Voilà le premier système : dénégations absolues. C'est tout au plus si, pressé de questions, Prado veut bien reconnaître qu'il a eu quelques rapports avec un négociant de Madrid; ces rapports ont été d'ailleurs purement accidentels, sans aucune importance; en tout cas, il n'a jamais été question de diamants ou de bijoux.

Pendant que se poursuivaient ces premiers interrogatoires, Prado ignorait que la prévention d'assassinat sur la personne de Marie Aguétant fût relevée contre lui. Mais quelques jours après, le 20 juin, se produit un incident décisif. Une amie intime de Marie Aguétant, Jeanne Fontanier, se mourait, atteinte de phthisie. Reconnaîtrait-elle Prado? L'avait-elle vu en compagnie de Marie Aguétant? Était-il le petit Américain, le Petit-Gris, celui des Solitaires? Il fallait se hâter, car Jeanne Fontanier avait fourni à l'instruction, le lendemain du crime et le 26 mai 1888, sur l'assassin présumé de Marie Aguétant, des indications détaillées, précises, qui se rapportaient exactement au signalement, aux habitudes de Prado. La confrontation a lieu le 20 juin. Jeanne Fontanier, fascinée par Prado, « enveloppée par ses paroles doucereuses, » — ce sont les termes mêmes du procès-verbal, — se trouble, hésite. Elle croit le reconnaître, elle n'ose pas affirmer cependant. Elle retombe épuisée, presque inanimée sur son lit. Mais quelques heures après, quand

Prado et le juge se sont retirés, elle s'écrie à plusieurs
reprises, devant sa bonne, témoin que vous avez entendu :
« C'est lui, c'est bien lui. Il y a dans son regard quelque chose qui me poursuit! »

Avant de procéder à cette confrontation, le juge avait
fait connaître à Prado l'accusation d'assassinat. Prado
se rend compte que la situation devient grave. Aurait-on
par hasard retrouvé les bijoux? Sans doute, puisque le
juge d'instruction a fait allusion dans les précédents interrogatoires à Antonio Ximenès, le bijoutier de Madrid.
On va peut-être représenter les bijoux; peut-être même
Antonio Ximenès, sa femme, José Garcia Jimeno atten-
dent-ils dans le cabinet du juge d'instruction. S'enfermer
plus longtemps dans des dénégations absolues, c'est se
livrer; il faut se ménager une issue. Prado paie d'audace
et voici le système qu'à la date du 23 juin il ose exposer
au juge d'instruction.

« Je ne suis pas l'auteur de l'assassinat. Cependant,
aujourd'hui que vous faites peser sur moi une accusation
si grave et si imprévue, j'aime encore mieux reconnaître
une chose que j'ai eu le tort de faire, que de me laisser
soupçonner de ce que je n'ai pas fait. Je vous avais déclaré que je n'avais ni vendu ni engagé des bijoux en
Espagne et que l'argent dont j'avais pu disposer à l'époque de mon voyage, soit pour mes dépenses personnelles,
soit pour en envoyer un peu à Eugénie Forestier et à
Ibanez, me venait de l'obligeance de mes amis. Cela
n'était pas exact..... Si les bijoux de la femme assassinée
ont été dans mes mains, ce que j'ignore, c'est par *une
sorte de fatalité* que je vais vous expliquer bien franchement. J'avais quitté Paris dans les conditions que vous

savez. A la gare de Bordeaux, j'ai rencontré un individu *à peu près comme moi,* mais un peu plus grand. Il m'a dit qu'il venait de Paris. Nous avons échangé quelques mots au buffet. Je l'ai retrouvé à Irun. Il était très embarrassé et ne parlait pas un mot d'Espagnol. Il allait, disait-il, à Lisbonne pour s'embarquer. Nous avons déjeuné ensemble. Il a pris un billet de 2ᵉ classe pour Madrid et moi j'ai pris un billet de même classe pour Saragosse. Nous sommes montés dans le même wagon. Nous avons fini par nous trouver seuls. Je suis descendu à la station de Alsacua où est l'embranchement de Saragosse. Je lui ai volé sa valise. Il était soûl comme un Polonais. Je l'avais aidé à se griser pour le voler. Je ne savais pas ce qu'il y avait dans sa valise. J'y ai trouvé une quantité de bijoux de femme en diamants, deux montres, trois ou quatre épingles, un collier en diamants, un bracelet. Je ne puis vous donner exactement le signalement de ces bijoux, mais je crois me rappeler que le collier était à peu près du dessin que je viens de faire sous vos yeux. Je n'ai pas vendu ces bijoux ; je les ai simplement engagés pour 2,250 francs chez Antonio Ximenès, dont le magasin est plazza Mayor, 2, Ciudad Rodrigo. Ce sont ces lettres que Mauricette Couronneau a vues. »

Interrogatoire définitif. Août 1888.

« Êtes-vous décidé à soutenir qu'en quittant Paris, vous n'aviez pas encore entre les mains les bijoux que vous avez vendus en Espagne? »

« Je vous ai dit la vérité ; c'est bien dans le chemin

de fer que j'ai eu ces bijoux sans en connaître la provenance. »

« Ainsi, il est bien entendu que personne à Paris
ne vous a remis les bijoux. Vous comprenez qu'en faisant cette réponse, vous écartez la possibilité d'insinuer
à la dernière heure que vous ne seriez que le complice
d'un individu que vous ne voudriez pas faire connaître. »

« Je saisis toute la portée de ma réponse. C'est bien
en chemin de fer, comme je vous l'ai dit, que j'ai eu les
bijoux. »

Admirez, messieurs les Jurés, comme tout est prévu!
Le juge d'instruction produit-il les bijoux? Antonio Ximenès, sa femme, José Garcia Jimeno viennent-ils décla-
rer que ces bijoux leur ont été livrés par Prado? Prado
pourra faire bonne contenance. Les bijoux qu'il a volés
appartenaient à Marie Aguétant! C'est l'assassin qu'il a
rencontré en wagon et dévalisé!.... Simple coïncidence,
fatalité si l'on veut. Essaiera-t-on de prétendre que ce
voyageur était précisément Prado? Mais l'erreur est
possible, puisque ce voyageur ressemblait à Prado.

C'est trop d'habileté, Prado. L'excès d'habileté con-
fine à la maladresse; vous vous êtes trahi.

A l'audience, changement de front. Prado sait que
les bijoux n'ont pas été retrouvés. Qu'a-t-il à craindre
dès lors? L'argument des bijoux échappe à l'accusation.
Aussi avec quelle désinvolture il jette par-dessus bord
le système précédemment proposé! « Ce prétendu vol
est de pure invention, dit-il. Je me suis moqué du juge
d'instruction. La vérité, la voici : Les bijoux que j'ai
portés en Espagne m'appartenaient. Ce sont des bijoux
de famille que j'avais depuis déjà longtemps recueillis

dans la succession de ma mère. » Des bijoux de famille !
Des bijoux qui étaient en votre possession bien avant
votre départ pour l'Espagne ! Mais pourquoi ne pas fournir plus tôt cette indication si utile à votre défense ?
Pourquoi vous attarder à des explications fantaisistes ?
Pourquoi n'avez-vous pas fait argent des bijoux quand la
misère vous étreignait, quand vous étiez réduit à la
mendicité ? Pourquoi les avez-vous emportés en Espagne, précisément au lendemain de l'assassinat de Marie
Aguétant ?

Non moins étrange, non moins accablante est l'attitude
à l'audience des témoins espagnols. Julia Cordoba y Noguès, malade, — un certificat médical dûment légalisé et
régulièrement transmis par l'ambassade l'atteste, — n'a
pu comparaître. Dolorès Garcès y Marcilla et José Garcia
Jimeno rétractent les déclarations que le chef de la sûreté
à Madrid avait recueillies. Quels bijoux Dolorès Garcès
y Marcilla a-t-elle reçus de Prado dans le courant des
mois de janvier et février 1886 ? « Mes souvenirs sont
confus, » dit-elle. — « Mais, le dessin que voilà, ce
dessin qui représente une épingle à cheveux ou pour
chapeau, forme abeille ailes déployées, il est de votre
main. » — « Sans doute, mais je l'ai tracé d'imagination
bien plus que de mémoire. » — « Prado a dilapidé votre
fortune ; mauvais traitements, outrages, abandon, aucune
douleur, aucune humiliation ne vous a été épargnée. » —
« Non, monsieur. Mon mari était bon pour moi. » —
« Que signifient donc ces lettres que vous avez adressées
à Prado, au juge d'instruction ? Elles sont navrantes ;
votre existence en commun avec Prado durant trois années environ paraît n'avoir été qu'un martyre. Vous in-

diquez même qu'à plusieurs reprises, Prado a tenté de
se débarrasser de vous par le crime. » — « J'ai écrit ces
lettres sous l'empire de la jalousie. Je les désavoue aujourd'hui. » Pauvre femme! sa douleur est si poignante
qu'on la prend en pitié. Faut-il lire ses lettres? Non sans
doute. M. le président en a donné lecture et l'impression
produite n'a pu s'effacer. Permettez-moi cependant de
détacher quelques lignes de la lettre en date du 16 août
1888. « Malheureux jour, Louis, que celui où tu m'as
retrouvée, il y a deux ans et demi! Je ne regrette pas de
t'avoir vu. Je regrette le souvenir que tu m'a laissé d'*une
épingle qui était une abeille* et d'une bague. N'en doute
pas. J'étais si pauvre qu'à l'instant, avec peine de ma
part, j'étais obligée de me défaire de ton cadeau, le ven-
dant pour dix douros. J'avais à payer ma misérable mansarde et à manger. Aujourd'hui je le regrette beaucoup.
J'aurais voulu l'avoir pour le présenter à M. le juge.
Malheureusement je ne peux le faire. *Je frémis quand je
pense à sa provenance.* Jamais je n'aurais cru que tu
aurais tant de courage et de *si mauvais instincts.* »

Et José Garcia Jimeno! Il paraît surpris qu'on l'amène
à la barre des témoins. Pour quel motif sa présence a-t-elle
été demandée par l'accusation? Il ne sait rien de l'affaire.
Vainement on lui rappelle ses déclarations au chef de la
sûreté à Madrid; vainement on lui montre les dessins
qu'il a tracés et remis lui-même. Tout cela n'est qu'un
rêve. Faux témoin! Si sa qualité d'étranger ne m'avait
semblé le couvrir d'une sorte de sauf-conduit, je l'aurais
fait arrêter séance tenante. Au surplus, n'est-il pas excu-
sable dans une certaine mesure? Il redoute la vengeance
sans merci de Prado. « J'avertis Son Excellence, écri-

vait-il au préfet de police le 6 mai 1887, que je ne veux à
aucun prix comparaître devant les tribunaux, car il a un
frère ou un cousin qui serait capable de m'assassiner,
bien que ce soit dans un but humanitaire que j'agisse. »

Peu importe, d'ailleurs, le motif pour lequel José Garcia Jimeno revient, à l'audience, sur les déclarations que
le chef de la sûreté, à Madrid, avait consignées dans un
procès-verbal régulier. L'accusation retient comme charges accablantes contre Prado, d'une part, les dessins des
bijoux, œuvre de José Garcia Jimeno lui-même; d'autre
part, les lettres de dénonciation signées José Garcia Jimeno. Je me suis expliqué à propos des dessins. Les
lettres de dénonciation sont au nombre de quatre, en date
des 14 avril, 6 mai, 20 mai, 6 juin 1887, adressées, la
première à l'ambassadeur de France, à Madrid, les trois
autres au préfet de police, à Paris. On en trouve le texte
à l'autographie pages 119, 48, 50, 52. Vous n'oubliez pas,
messieurs les Jurés, que l'assassinat de Marie Aguétant a
eu lieu le 14 janvier 1886, que José Garcia Jimeno est
un compatriote de Dolorès Garcès y Marcilla, — ils sont
originaires l'un et l'autre de Calatayud, province de Saragosse, — que, pendant les mois de janvier et de février
1886, il a accompagné Prado chez Antonio Ximenès pour
négocier la vente ou la mise en gage des bijoux, enfin qu'il
a lui-même engagé un peigne en écaille. Eh bien! dans
ses lettres, José Garcia Jimeno fait des allusions transpa-
rentes à l'assassinat de Marie Aguétant et dénonce Prado.
Voici notamment les deux premières lettres. Lettre du 14
avril 1887. « A Son Excellence monsieur l'Ambassadeur
de France, à Madrid. Hier, j'ai eu le très grand honneur
d'être reçu par M. votre consul : il m'a manifesté le désir

que j'écrive à Votre Excellence pour l'informer qu'il y avait quinze mois à peu près qu'un assassinat suivi de vol avait été commis à Paris et que toutes les recherches de la police française étaient demeurées infructueuses. A cet effet, j'ai écrit à M. le Préfet de police de Paris, l'informant que si on me donnait une prime, je trouverais l'auteur de ce crime, et comme jusqu'à présent je n'ai reçu aucune réponse, je m'adresse aujourd'hui à Son Excellence pour le cas où elle s'intéresserait à la découverte du coupable, puisque quelqu'un d'innocent souffre pour un malfaiteur qui aujourd'hui se promène très tranquillement par les mondes de Dieu avec l'argent de sa victime. Si Son Excellence veut s'assurer de l'exactitude de mes assertions, je la supplie de m'accorder une audience où je lui communiquerai tout ce que je sais sur cette affaire. »

Un assassinat suivi de vol, commis à Paris, il y a quinze mois environ, c'est-à-dire au mois de janvier 1886, — la lettre date du 14 avril 1887, — mais c'est précisément l'assassinat de Marie Aguétant.

Voici maintenant la désignation de Prado. Lettre du 6 mai 1887 au préfet de police à Paris. « Aujourd'hui, 6 mai, j'ai été appelé à l'ambassade et au consulat de cette cour où il m'a été dit que Son Excellence me donnait une prime de 500 à 1,000 francs pour découvrir l'auteur d'un assassinat..... Il s'agit d'une personne à laquelle on *coupa la tête pour la voler*. Je connais l'auteur de cet assassinat, mais cela me paraît bien peu de chose pour une affaire aussi grave et surtout pour le travail qu'elle entraînera..... Or je ne sais pas où se trouve cet individu, mais il sera facile par son portrait de retrouver sa trace. Pour cela, il faudrait que Son Excellence voulût bien m'envoyer un de ses nombreux agents qui aurait à sa disposition de quoi payer les frais que nécessiterait notre mission. *Il est bien entendu qu'on a vendu ici pour plusieurs milliers de francs de nombreux bijoux qui provenaient de ce vol,* bijoux que nous retrouverons et qui serviront de preuve à ce que j'avance..... Mais j'avertis Son Excellence qu'en cas de réussite, je ne veux à aucun prix comparaître devant les tribunaux, car il a un frère ou un cousin qui serait capable de m'assassiner, bien que ce soit dans un but humanitaire que j'agisse. Cet individu est capable de tout pour obtenir de l'argent et triompher. C'est un homme qui, suivant ce que je sais, *s'est marié plusieurs fois* et qui, après avoir dépensé l'argent de ses femmes, les abandonne et part. (Dolorès Garcès y Marcilla indique dans sa lettre au juge d'instruction que Prado, avant de l'épouser, avait très vraisemblablement contracté d'autres mariages sous des noms différents.) Il y a ici une de ses victimes *qui est de mon village* (Dolorès Garcès y Marcilla, née, comme José Garcia Jimeno, à Calatayud); après lui avoir dissipé 140,000 francs (c'est le chiffre approximatif de la dot de Dolorès Garcès y Marcilla), il l'a abandonnée, elle est dans la dernière des misères[1]. »

[1] Voici le texte des deux autres lettres. — a) 20 mai 1887. Monsieur le Préfet de police, à Paris. Le jour même où je fus appelé chez le consul de France qui me donna ses ordres, j'écrivis à Votre Excellence. Il y a déjà longtemps et je n'ai pas reçu de réponse. Aussi je vous écris encore une fois pour vous dire que si vous voulez envoyer l'ordre par télégraphe à votre ambassadeur de me payer le chemin de fer, aller et retour et les frais, j'irai vous donner tous les renseignements sur cette affaire, ce qui vous permettra de mettre en liberté les innocents que vous détenez à Mazas. Je croyais la police française plus perspicace que celle-

Est-il possible de dire en termes plus explicites ? « Ne cherchez pas l'assassin de Marie Aguétant, je le connais, c'est Prado. » Or, à l'époque où ces lettres de dénonciation sont écrites, avril-mai-juin 1887, aucune information n'est ouverte contre Prado : l'arrestation n'aura lieu que le 28 novembre 1887. Comment Garcia pourrait-il imputer à Prado l'assassinat de Marie Aguétant si les bijoux qu'il a vus aux mains de Prado ne sont pas ceux de Marie Aguétant, s'il n'a pas connu, par des confidences de Prado, et l'assassinat et le vol ?

La détention inexpliquée des bijoux de Marie Aguétant suffirait à prouver la culpabilité de Prado. Résumons cependant notre argumentation. Pauvreté, dénûment même la veille du crime, richesse le lendemain ;

---

ci, mais je vois qu'elle est encore plus maladroite, car quand on propose une révélation de cette importance, on est en droit d'attendre plus d'empressement à l'accepter surtout quand il s'agit d'un crime dont l'auteur peut être découvert. La police d'ici, si elle avait besoin de moi dans un cas semblable, ne manquerait pas de se mettre entièrement à ma disposition. Ce sera comme vous voudrez ; cela m'importe peu. J'avais cru devoir écrire dans l'intérêt de l'humanité, car cet homme est des plus dangereux. Quand il aura commis d'autres crimes, on ne manquera pas de dire que si on avait accepté certain concours, cela ne serait pas arrivé. Faites ce qu'il vous plaira ; je n'écrirai plus, car je vois que Votre Excellence n'est pas un policier et tient peu à innocenter ceux qu'elle sait ne pas être les assassins. — N. B. comme je vous le dis plus haut, dites à l'ambassadeur qu'il me paie mon voyage et me donne quelque argent pour ma famille, et je viendrai vous donner quelques renseignements sur l'assassinat. Si vous ne voulez pas, je laisse tout, peu m'importe. José GARCIA JIMENO, Calle de la Cebada, 5, 3me étage. — b) 6 juin 1887. Monsieur le Préfet de police, à Paris. Je n'ai encore reçu aucune réponse aux lettres que je vous ai adressées à la suite de mon entrevue avec le consul de France, à Madrid, dans laquelle on m'a donné communication d'une lettre par vous adressée à M. Cambon, ambassadeur de France, pour l'informer que vous teniez à ma disposition une prime de 1,000 fr. si je mettais la police sur les traces d'un criminel. Je me suis rapports de Prado avec Marie Aguétant, rapports établis jusqu'à l'évidence malgré les dénégations intéressées et persistantes de l'accusé; concordance entre le signalement de l'assassin présumé et la taille, les traits, le costume de Prado; déclarations des témoins en Espagne, référence des dessins par eux tracés à la description des bijoux qu'ont donnée, à Paris, B... et la femme Parent, systèmes contradictoires, invraisemblables présentés par l'accusé; attitude des témoins espagnols à l'audience, leurs dénonciations écrites.... ces divers éléments groupés par l'accusation forment un tout indivisible, un ensemble de preuves qui ne saurait laisser place au doute, un faisceau fortement serré que la défense la plus vigoureuse et la plus habile ne pourra ni briser ni disjoindre.

directement adressé à vous sur l'invitation de M. le consul de France qui m'avait déclaré que ses occupations ne lui permettaient pas de s'occuper d'affaires de police. Puisque votre administration ne m'a pas donné depuis lors signe de vie, je vous écris aujourd'hui par lettre recommandée afin qu'on ne puisse pas prétendre que mes lettres ne sont pas parvenues à leur adresse. Je vous dirai donc que vous pourriez, si vous le jugez à propos, soit envoyer à Madrid un de vos agents qui se mettrait en rapport avec moi pour obtenir tous les renseignements nécessaires en vue de retrouver l'assassin, soit, puisque cela ne coûte rien au gouvernement de la République, me faire parvenir un permis de circuler sur la voie ferrée avec quelque argent pour mon entretien, et pour ne pas laisser ma famille sans ressources pendant que j'irai à Paris aider à découvrir cet assassin voleur. Il n'est pas juste que plusieurs hommes soient détenus à Mazas et subissent une peine alors que le Gouvernement pourrait s'assurer de leur innocence. J'espère donc que vous voudrez bien m'honorer d'une réponse, le plus promptement possible, puisque votre ambassadeur m'a invité à m'adresser directement à vous. Les chemins de fer du nord de l'Espagne sont français jusqu'à Bayonne. Je ne dirai rien jusqu'à ce qu'on m'ait fourni le moyen de voyager gratuitement jusqu'à Paris et qu'on m'ait fait parvenir quelque argent pour moi et les miens. José Garcia Jimeno, Calle de la Cebada, 5.

VI. Je viens d'assembler lentement, et d'une main sûre, les diverses pièces de l'échafaudage de l'accusation. Il manque le couronnement; les aveux de l'accusé vont le former.

Dans quelles circonstances Eugénie Forestier fut-elle amenée à révéler à la Justice le terrible secret que Prado lui avait confié? La scène mérite d'être décrite. Elle touche au drame par quelques côtés.

Eugénie Forestier et Mauricette Couronneau sont depuis déjà quatre mois détenues à la prison de Marenne. La solitude, la tristesse les ont abattues. Trompées l'une et l'autre par le même homme, subissant des souffrances communes, leurs sentiments de jalousie réciproque se sont apaisés. Ce ne sont plus deux rivales, ce sont deux infortunées. Elles échangent leurs souvenirs, leurs impressions, leurs pensées. Mauricette Couronneau parle de son enfant, elle pleure.

« Quel malheur pour votre enfant d'avoir pour père un tel homme! »

« Que voulez-vous dire? »

« Rien. »

« Mais si. Parlez. Que me cachez-vous? »

« Jurez-moi le secret. Jurez sur la tête de votre enfant. »

« Je le jure. »

« Oh! non. Je ne puis pas. »

« Je vous en supplie! Parlez! Ne prolongez pas mon « angoisse! »

« Soit! Prado est un assassin! Il a tué Marie Agué- « tant. »

Mauricette Couronneau, accablée, supplie le pasteur et la surveillante de la prison de lui venir en aide. Doit-elle parler, doit-elle se taire? Ils lui font l'un et l'autre un devoir d'informer la Justice.

« Un tel crime est au-dessus du serment, » dit-elle à Eugénie Forestier; « si vous continuez à garder le silence, je parlerai. » Eugénie Forestier comprend qu'une plus longue résistance serait vaine. Le 8 avril 1888, elle écrit au procureur de la République. Le 10 avril, elle comparaît devant le juge d'instruction de Marenne. Écoutez, messieurs les Jurés, le saisissant début de ce douloureux récit.

« Vous avez prévenu M. le procureur de la République que vous aviez des révélations à faire. Veuillez nous les faire connaître. »

« Je n'ose pas. C'est tellement épouvantable que je crains de le dire. Si Prado sait que j'ai fait cette déclaration, il me tuera. »

— Nous invitons Eugénie Forestier à parler sans crainte. Eugénie Forestier paraît très émue, et nous dit : « Aidez-moi, je ne pourrai jamais commencer toute seule mes aveux. »

« Prado a-t-il commis un crime? »

« Oui ! »

« Lequel? »

« Marie Aguétant. »

Émue, versant d'abondantes larmes, Eugénie Forestier raconte les détails.

Depuis ce premier aveu, Eugénie Forestier n'a jamais varié ni faibli. Seule, confrontée, détenue, libre, mise en rapport avec son défenseur, avertie et consciente de la gravité de son témoignage, elle a maintenu dans leurs moindres détails ses premières déclarations. Prado fait appel à son cœur, à l'affection passée; il veut séduire, il supplie. Vains efforts! Il menace, essayant d'évoquer ce sentiment de terreur qui depuis si longtemps pesait sur Eugénie Forestier. Celle-ci, impassible, dominant ses émotions et la crainte, jure qu'elle a dit vrai.

Non, non. Elle a menti, s'écriera la défense. Prado impénétrable, énergique, cet homme de fer qui, depuis si longtemps, supporte sans plier le poids d'une accusation capitale, n'a pu commettre l'imprudence de confier à sa maîtresse un secret aussi dangereux. L'instruction s'était égarée dans ses recherches, aucun indice ne lui signalait Prado. Comment Prado aurait-il spontanément, sans motifs, par l'aveu de son crime, livré en quelque sorte sa tête? Un mot, une allusion de sa maîtresse suffisait désormais à le perdre.

Toute énergie a ses défaillances, toute cuirasse a ses défauts. Qui donc étouffera le cri de la conscience? Le silence pesait à cet homme. Par son aveu, il s'arrachait au terrible colloque entre sa conscience et lui; il associait sa maîtresse à son crime. Le poids qui l'écrasait, porté à deux, serait sans doute moins lourd.

Qu'importait d'ailleurs cet aveu? Eugénie Forestier ne savait que trop de choses compromettantes. N'avait-elle pas trahi ses pressentiments deux mois auparavant à Bordeaux? « Il faut que je te tue, » s'était écrié Prado, à l'occasion d'une scène de jalousie. — « Oui, comme tu as fait à l'autre! » — « Imbécile! Non, tu n'es pas une imbécile, tu vois trop clair dans mes affaires. Il faut que je te tue! » Elle savait, Eugénie Forestier, et le trouble de Prado pendant la nuit du crime, et la tache de sang sur la chemise, et la disparition des manchettes et du rasoir, et l'inexplicable fortune survenue brusquement à Prado au lendemain du crime, et le départ précipité pour l'Espagne. En révélant ces faits à la Justice, elle livrait Prado. Avouer le crime à Eugénie Forestier, c'était acheter son silence, c'était lier plus étroitement son existence à celle du criminel, c'était la troubler par la crainte d'une accusation de complicité.

Mais quoi! Eugénie Forestier aurait écouté sans frémir le long récit de cet horrible crime! Prado se complaît à décrire les moindres détails, il accumule les preuves de sa culpabilité, et pas un cri d'horreur n'échappe à cette femme! Elle ne s'enfuit pas épouvantée, honteuse d'avoir appartenu à ce criminel! Bien plus, un long délai s'écoule. Les révélations de Prado remonteraient au mois de septembre 1886. C'est seulement au mois d'avril 1888 que Eugénie Forestier informe la Justice! Plus d'une année et demie! Pendant cet intervalle de temps les vexations, les brutalités s'accumulent, elle souffre dans son orgueil de femme et dans ses affections. La vie commune a cessé; une autre femme a pris sa place, et cependant Prado l'humilie, la poursuit sans relâche. Elle plie et se tait. Que d'invraisemblances et de contradictions!

Que de contradictions! Et qu'importe? Notre existence est-elle donc une série d'actions toujours concordantes? Qui donc peut se vanter de suivre une ligne nettement tracée? Dans les actes de la vie, l'homme n'est pas un logicien rigoureux. Mélange inexplicable d'hésitations et de résolutions fermes, l'être humain, la femme surtout, plie ou se dresse au souffle des passions qui l'agitent.

Eugénie Forestier aimait Prado. Par sa tenue distinguée, son langage élégant, son imagination brillante, cet homme avait séduit et charmé cette femme. « Pour toi, j'ai supporté le froid, la faim, je t'ai suivi partout, j'ai fait litière de mon corps. » Une étrange fascination enlevait à cette malheureuse la libre possession d'elle-même. Ni les infidélités, ni les brutalités, ni le mépris, ne pouvaient rompre le charme. Une caresse, un baiser, Prado à ses pieds, elle oubliait. Quel empire redoutable cet homme exerçait sur les femmes! « Je ne puis, dit Mauricette Couronneau dans l'instruction, exprimer ce que j'éprouve. Je sens qu'il me domine. Si j'étais seule avec lui, il m'entraînerait encore où il voudrait. Il me faudrait le secours d'une autre personne pour lui résister. Il exerce sur moi la même influence que sur Eugénie Forestier qu'il battait et qui courait après lui. »

Elle aimait, Eugénie Forestier; elle avait peur aussi. Malheur à elle, si Prado emporté, violent, la soupçonnait d'avoir trahi le secret! Ce sentiment de terreur oppressait aussi Mauricette Couronneau. « Maintiendrez-vous vos déclarations en présence de Prado? » lui demande le juge d'instruction. — « Oui, je les maintiendrai, mais je redoute de me trouver avec lui parce que j'en ai peur. Quand je serai confrontée avec lui dans votre cabinet, s'il sait ce que j'ai dit contre lui, il m'étranglera s'il le peut. Ma crainte est qu'il ne me maudisse et surtout qu'il ne s'évade un jour. Si jamais il s'évade, que ce soit dans dix ans ou à présent, il me fera mon affaire. Si je suis restée avec cet homme, c'est par peur, j'ai toujours eu peur de lui. »

C'est ainsi que dans l'âme troublée d'Eugénie Forestier, ces deux sentiments contraires, l'amour et la crainte, dominaient tour à tour et retenaient sur ses lèvres des révélations dont les conséquences devaient être fatales pour elle ou pour Prado qu'elle aimait.

Pourquoi donc Eugénie Forestier a-t-elle enfin rompu le silence qu'elle avait observé si longtemps? Chez la femme, la pitié est un sentiment vivace, profond, que les malheurs, les chutes morales n'altèrent ni ne brisent. Les compagnes d'Eugénie Forestier subissent l'emprisonnement depuis bientôt quatre mois. Elles souffrent et pleurent; l'enfant de Mauricette Couronneau est privé de sa mère. Eugénie Forestier est émue. L'instruction languit, pressent-elle, parce que le vol de Royan a fourni des indices graves relativement à l'assassinat. Qu'elle parle et l'instruction se précipite, la liberté est rendue à ces malheureuses, Mauricette Couronneau pourra retourner embrasser son enfant. « Ne croyez-pas, dit-elle au juge d'instruction, que ce soit par jalousie ou par vengeance que j'ai dénoncé Prado. J'ai vécu misérablement avec lui sans rien dire. Je suis restée quatre mois en prison avant de parler; j'ai bien souffert à Marenne. Je ne pouvais pas dire ce que j'avais. Je me demandais s'il était possible de garder plus longtemps un pareil secret qui me pesait; si je ne faisais pas mal en laissant toutes les autres détenues, qui pleuraient toute la journée, souffrir aussi longtemps à cause de lui. C'est pour cela que j'ai fini par parler à Mauricette le jour où elle m'a touchée en me parlant de son enfant. » Pitié pour ses compagnes, pitié pour une mère, pitié pour un enfant, tel est le sentiment qui ébranlait Eugénie Forestier, telle est la cause impulsive de ses déclarations.

Me serais-je trompé, messieurs les Jurés? Eugénie
Forestier, témoin de l'accusation, m'apparaît-elle sous un
jour faux? Maîtresse délaissée, serait-elle jalouse? Pour-
suivrait-elle, haineuse, vindicative, la perte d'un amant
infidèle?

Oui certes, Eugénie Forestier fut jalouse! Quelle femme
ne l'eût été? Pour Prado, elle avait, à Paris, tout donné,
tout vendu; à Bordeaux, après six mois de vie commune,
elle est contrainte de quitter brusquement l'hôtel des
Pyrénées; tandis qu'elle erre de garni en garni, misérable, une autre prend sa place. Les relations de Prado et
de Mauricette Couronneau deviennent publiques. On
annonce les fiançailles, le mariage même. Prado n'est
plus qu'un amant de rencontre, elle-même n'est plus
qu'une maîtresse d'occasion.

La jalousie lui mord le cœur. Cependant aucun cri ne
lui échappe. Quand fait-elle éclater sa colère? Tard, bien
tard, en prison. Mais Mauricette Couronneau est en
prison elle aussi, brisée, humiliée à son tour. Laquelle
de ces deux femmes souffre le plus? Laquelle excite la
pitié? Mauricette Couronneau sans nul doute, mère sépa-
rée de son enfant, jeune femme déchue, flétrie par les
fiançailles, le mariage même, aux yeux du public, avec
un vulgaire voleur. Certes, la haine d'Eugénie Forestier
doit être satisfaite, sa vengeance assouvie. Cette rivale
vaincue, à quoi bon l'écraser par l'allégation d'un assassinat faussement imputé à Prado?

Une analyse du cœur humain nous a montré les mobiles
auxquels Eugénie Forestier avait obéi lors de ses révélations. L'examen attentif du dossier va nous fournir la
preuve de sa sincérité. Toutes les indications qu'elle a

données, reproduisant le récit de Prado, contrôlées par les expertises, les témoignages, les aveux de l'accusé, ont été reconnues exactes.

« Prado m'a dit, rapporte Eugénie Forestier, qu'il avait été si doucement et si vite que la bonne n'avait rien entendu, que la chose avait été faite en un instant, à peine Marie Aguétant était-elle déshabillée et avait-elle fait sa toilette. » La bonne Barbette Bürg déclare qu'aucun bruit, qu'aucun cri n'a frappé son oreille; nous avons démontré que l'assassinat et le vol avaient été accompli dans un laps de temps très court, et il résulte des procès-verbaux dressés dès la découverte du crime par le commissaire de police et par M. le juge d'instruction « que Marie Aguétant était étendue sur le dos, vêtue seulement d'une chemise ensanglantée. »

« Marie Aguétant était sur le bidet à faire sa toilette quand je l'ai frappée, » aurait dit Prado. On lit dans le procès-verbal du juge d'instruction. « Tout à côté du corps se trouve un bidet plein d'une eau très claire avec une légère teinte de sang. Des gouttes de sang ont jailli sur la serviette qui l'entoure et sur sa garniture. Il semble probable que la femme a été frappée au moment où, après avoir approché le petit meuble de la cheminée, elle faisait sa toilette. »

De quel instrument Prado s'est-il servi? « Il m'a raconté qu'il lui avait fait son affaire avec un rasoir et que d'un coup de ce même rasoir il avait ouvert le sac en cuir contenant l'argent, les billets de banque et les valeurs. » Les constatations de M. le juge d'instruction et de M. le docteur Brouardel confirment en tous points cette déclaration : un rasoir a pu pratiquer la section du cou de

Marie Aguétant et l'ouverture du sac; le sac a été ouvert par une lame fine, ronde à l'extrémité : il n'y a pas trace sur le sac d'un coup de pointe produit par un instrument piquant.

« J'ai remarqué sur la main de Prado, pendant la nuit qui a suivi le crime, une petite écorchure. Prado, dans le récit du crime, a attribué cette écorchure à un coup d'ongle de Marie Aguétant. » Le docteur Brouardel a signalé des cicatrices sur les mains de Prado.

Quelles valeurs Prado a-t-il soustraites dans l'armoire à glace de Marie Aguétant? Eugénie Forestier a fait connaître que Prado trouva un titre de rente représentant un capital de 60,000 francs, mais qu'il dut le détruire, ne pouvant l'utiliser, car il était nominatif. Or, ce titre n'ayant pas été retrouvé, les héritiers de Marie Aguétant ont obtenu un titre nouveau, et il résulte d'une lettre adressée, au mois de septembre 1888, à M. le juge d'instruction Guillot par M. le directeur de la dette inscrite, que Marie Aguétant était, lors de sa mort, inscrite au grand-livre de la dette publique, sous les numéros 40,105 et 57,126, première série, pour une rente au total de 1,900 francs à 4 1/2 p. 0/0. Il est vrai que le capital correspondant, 42,000 francs environ, est inférieur à celui qu'indique Eugénie Forestier, mais on peut aisément admettre que Prado avait exagéré. Il faut surtout remarquer que c'est bien de la rente que possédait Marie Aguétant et que les titres ont disparu; de telle sorte que, sur les points essentiels, l'exactitude des déclarations d'Eugénie Forestier ne peut être mise en doute[1].

---

[1] *Interrogatoire d'Eugénie Forestier*, 9 mai 1888, cote 62. — « Prado me dit... — J'ai fouillé dans l'armoire, j'ai ouvert avec mon rasoir le

Que sont devenus les bijoux de Marie Aguétant? Nous le savons aujourd'hui. Prado s'est défait du plus grand nombre à Madrid, aux mains d'un bijoutier, Antonio Ximenès, dont il a courtisé la fille Purita ; José Garcia Jimeno a engagé un peigne en écaille avec diamants. (Ce José Garcia Jimeno a reconnu à l'audience qu'il était un ancien officier de l'armée espagnole). Eugénie Forestier raconte, le tenant de Prado, que celui-ci avait confié les bijoux, partie à un bijoutier de Madrid, partie à un officier de l'armée espagnole; que, pour capter les bonnes grâces du bijoutier, il avait demandé sa fille Purita en mariage. Eugénie Forestier ajoutait qu'elle avait vu la photographie de Purita. Or, il est certain que Prado a reçu à Bordeaux une photographie de Purita, et la photographie de Purita, remise par la mère de cette dernière, à Madrid, au chef du service de la sûreté, et

---

petit sac où elle mettait son argent; c'est comme cela que le billet de 100 fr. s'est trouvé coupé. J'ai trouvé aussi un titre de 60,000 fr. que je n'ai pas pu toucher parce qu'il était à son nom (au nom de Marie Aguétant). »

Lettre de M. le directeur de la dette inscrite à M. Guillot, juge d'instruction, septembre 1888. — « Il résulte des vérifications auxquelles a donné lieu votre demande du 28 août dernier, qu'il a existé au grand-livre trois parties de rentes immatriculées ainsi qu'il suit :

45 fr. 5 » p. 0/0, n° 60,572, série 1re.
900 fr. 4 1/2 p. 0/0, n° 40,105, série 1re.
1,000 fr. 4 1/2 p. 0/0, n° 57,126, série 1re.

Aguétant Marie, fille majeure. L'inscription de 45 fr. 5 p. 0/0 a été transférée dès le 8 février 1875 (transfert n° 42,426). Les inscriptions de 900 fr. et de 1,000 fr. 4 1/2 p. 0/0, *dont les extraits n'ont pas été retrouvés* lors du décès de la demoiselle Aguétant, ont été remplacées au vu d'une déclaration établie devant le maire du IXe arrondissement de Paris par les héritiers de la titulaire... Ces deux inscriptions ont été transférées le 10 juin 1886 par l'intermédiaire de M. Reumont, agent de change (transfert n° 16,183)... »

apportée à Paris par M. le juge d'instruction Guillot, a
été reconnue par Eugénie Forestier.

Ces diverses indications, portant sur des points de
détail, précises, exactes, où donc Eugénie Forestier les
a-t-elle puisées? Dans le récit du crime fait par Prado
lui-même. Elle n'a pu les trouver ailleurs. Comment comprendre que des données imaginaires soient en concordance parfaite avec les témoignages, les constatations des
magistrats et des hommes de l'art?

Les journaux ont-ils fourni à Eugénie Forestier des
renseignements utiles? Son récit, tout d'une pièce, ne
serait-il, en définitive, qu'un assemblage de racontars de
journaux? Non, messieurs les Jurés. La presse ne s'est
occupée de l'assassinat de Marie Aguétant que dans les
numéros des 15, 16 et 17 janvier 1886, et les révélations
d'Eugénie Forestier ne se sont produites qu'au mois d'a-
vril 1888. Comment la lecture des journaux aurait-elle
laissé sur l'esprit d'Eugénie Forestier une impression
assez profonde, gravé les souvenirs avec une précision
suffisante pour, que deux ans après, les indications de ces
mêmes journaux pussent être fidèlement reproduites? La
presse n'avait d'ailleurs fourni que des renseignements
très sommaires : l'assassinat de M. Barême, préfet de
l'Eure, antérieur d'un jour seulement à l'assassinat de
Marie Aguétant, excitait à un très haut degré la curiosité,
l'émotion du public, et l'assassinat de Marie Aguétant ne
fut guère qu'un incident de faible importance, du reste .
assez vite oublié.

Si Eugénie Forestier s'était inspirée des journaux, que
de lacunes, que de contradictions, que d'inexactitudes!
Où donc aurait-elle trouvé ces particularités qu'elle a si-

gnalées, la précaution prise par Prado de se cacher le visage et de tourner le dos à la lumière pendant que la
bonne préparait les objets de toilette et le lit, la position
de la victime au moment où elle a été frappée, l'ouverture
du sac par un coup de rasoir, la déchirure sur chaque
côté du billet de banque de cent francs plié en quatre,
l'existence d'un titre de rente nominatif correspondant à un
capital de 60,000 francs environ, la répartition des bijoux
en Espagne, l'éraflure de l'émail à la montre à remontoir.....? Ces détails et tant d'autres qui se retrouvent
dans le récit d'Eugénie Forestier, aucun journal ne les
relate. Bien plus, parmi les rares indications fournies par
les journaux, plusieurs sont erronées. « *La Liberté,* »
numéro du 17 janvier : « L'assassin a dû saisir sa victime
par derrière au moment où elle prenait sans doute une
rose sur la cheminée pour la sentir, car cette fleur a été
trouvée dans sa main crispée. » Or, la fleur dont il est
question, un gardénia, non une rose, était, d'après
le procès-verbal du juge d'instruction, posée sur la
cheminée. « *Le Petit Journal*, » numéro du 17 janvier :
« La chambre présentait un grand désordre, les meubles béants avaient été fouillés par une main fiévreuse
ayant laissé çà et là des empreintes sanglantes. » Or,
l'armoire à glace seule avait été fouillée. Eugénie
Forestier n'a jamais fait allusion à une fleur qu'aurait
tenue Marie Aguétant dans sa main crispée ; l'armoire à
glace est le seul meuble qu'elle ait signalé comme ayant
été l'objet des investigations de Prado.

Il est donc manifestement impossible de reconstituer la
scène du crime avec le récit des journaux. Voilà bien
la démonstration faite : les déclarations d'Eugénie Fo-

restier n'ont été, n'ont pu être que l'écho fidèle du récit de Prado.

Continuons l'examen. En dehors des détails relatifs à l'exécution même du crime, Eugénie Forestier a fourni, à l'instruction, des données intéressantes et fort utiles. A cet égard encore, elle a dit vrai. Sur aucun point, ses allégations ne sont controuvées. Logements successivement occupés par elle seule ou en compagnie de Prado, voyages divers à Boulogne-sur-Mer, à Bordeaux, à Paris, en Espagne, menaces, brutalités, tentative de meurtre, sommes d'argent reçues de son ancien amant retourné en Amérique ou de Prado, tout est exact quant aux faits, quant aux lieux, quant aux dates, quant aux chiffres. Pas une erreur, pas une contradiction qui puisse être relevée! Qu'elle dépeigne la misère de Prado et la sienne au commencement du mois de janvier 1886; qu'elle raconte comment, le soir du crime, elle a soupé chez Ibanez et conduit chez elle l'enfant de ce dernier; comment, dans les journées du vendredi et du samedi 15 et 16 janvier, Prado a changé de costume, fait des courses précipitées, emprunté une valise à Ibanez, pris le train express de Paris à Bordeaux, ni l'instruction, ni les débats, ni Prado lui-même ne lui donnent un démenti. Sont-elles exactes ces allégations que, le lendemain du crime, Prado lui remit un billet de banque de cent francs plié en quatre et portant à chaque côté une section très nette de deux centimètres environ, que ce même jour, elle aperçut au poignet de la manchette de la chemise une tache de sang, que Prado a brûlé sa chemise et ses bottines? La preuve est impossible puisque billet de banque, chemise et bottines ont disparu, mais du moins, que de vraisemblances! Dans son rapport rédigé le lendemain du crime, M. le docteur Brouardel émet cet avis : « que la section a dû être pratiquée par le meurtrier placé derrière la victime et relevant la tête de celle-ci; » à l'audience il a montré l'impossibilité pour le meurtrier de se tenir auprès de l'armoire à glace sans marcher dans le sang. Peut-on douter, dès lors, de l'existence d'une tache de sang au poignet de la chemise? Peut-on douter que Prado ait fait disparaître sa chemise et ses chaussures? Enfin, en ce qui concerne le billet de banque de cent francs portant une légère entaille, n'a-t-il pas été démontré que le sac de Marie Aguétant, qui contenait l'argent et les billets de banque, a été ouvert par un instrument à lame fine, ronde à l'extrémité, un rasoir, en un mot? Sur le fait de la remise du billet de banque, Prado n'a pas osé contredire formellement Eugénie Forestier. Confrontés le 27 juin 1888 par le juge d'instruction, voici comment ils s'expriment l'un et l'autre.

Eugénie Forestier. — « Le lendemain matin, vous m'avez donné un billet de cent francs qui était coupé comme si un couteau l'avait traversé. »

Prado. — « Je ne m'en souviens pas. »

Eugénie. — « Moi, je l'affirme. »

Prado. — « Cela se peut. »

Eugénie. — « D'où vous venait cet argent? Vous vous rappelez notre misère à cette époque. J'avais dû emprunter pour dégager mon manteau. Nous n'avions pas même de quoi manger. Je vous apportais un peu de nourriture. Nous n'avions pas le sou. »

Prado. — « C'est vrai. »

Eugénie. — « Eh bien! alors. D'où te venaient les

deux billets de cent francs? Diras-tu que tu ne me les a pas donnés? »

Prado. — « *Si tu le dis, c'est probablement que je te les ai donnés.* »

C'est ainsi que, soumises à un examen minutieux, à un contrôle sévère, les déclarations d'Eugénie Forestier sont reconnues rigoureusement exactes. Soit qu'elle reproduise les détails de l'assassinat ou du vol, tels qu'elle les avait recueillis de la bouche de Prado, soit qu'elle retrace les traits principaux de son existence ou signale divers faits utiles à l'instruction, son récit est sur tous les points conforme à la vérité.

J'ai dû, messieurs les Jurés, parcourir un à un, pour les réfuter, les moyens que l'accusé a soulevés au cours des débats ou qui seront développés par son défenseur. Ce dernier n'eût pas hésité à signaler les lacunes, les défaillances de mon argumentation. Il me semble pourtant que j'aurais pu m'en tenir à l'impression produite sur vos esprits par l'attitude, à l'audience, d'Eugénie Forestier. L'heure est solennelle, la tête de Prado est en jeu. Ferme, digne, sans trouble, sans ostentation, elle déroule son récit. Ni les embarras du mensonge, ni l'animation de la haine, l'accent de la vérité vibre dans ses paroles.

Terrible accusatrice! Prado, le moment de parler est venu. Dressez-vous donc! Qu'un cri d'indignation et de douleur déchire votre poitrine! Écrasez ces mensonges et ces infamies! Vous vous êtes tu! Qu'est devenue votre féconde? Elle est tombée cette insolence hautaine dont vous faisiez complaisamment étalage! Vous vous mouviez avec une facilité surprenante au milieu des témoignages et des questions! Vous jouiez votre rôle en comédien consommé sur les bancs de la Cour d'assises transformés en tréteaux! Eugénie Forestier a parlé, vous n'avez pas trouvé un seul mot à répondre! « Nous verrons plus tard, nous réfuterons tout cela quand le moment sera venu. » Et lorsque Eugénie Forestier, son récit terminé, détournant son regard du jury, l'a fixé sur vous, vous le fascinateur des témoins et des femmes, vous n'avez pu supporter ce regard et vous avez courbé la tête!

Ah! vous les redoutiez ce témoignage et cette confrontation aux assises, et, pour les empêcher, vous avez tenté des efforts désespérés. « Pense à moi, ma pauvre chérie, écriviez-vous à Eugénie Forestier le 5 décembre 1887, quelques jours après votre arrestation, et fais tout ce que tu pourras. *Je laisse ma vie entre tes mains, sauve-la moi* et un jour je te la donnerai entière pour te rendre en bonheur le chagrin que je te cause. » Cette ardente prière, ce cri désespéré de son ancien amant, Eugénie Forestier l'entendit, et lorsque le 21 décembre, elle comparut devant le juge d'instruction de Marenne, sa déposition fut si vague, si brève, que le magistrat instructeur n'y put trouver un indice de la culpabilité de Prado.

Vous savez, messieurs les Jurés, comment Eugénie Forestier fut amenée, au mois d'avril 1888, à faire des révélations. Pendant les confrontations dans le cabinet du juge d'instruction, Prado, jongleur habile, manie successivement l'amour et la menace. Eugénie Forestier résiste aux séductions, aux prières, à l'intimidation. Les assises vont s'ouvrir; il faut éloigner Eugénie Forestier

à tout prix. Le 20 octobre 1888, Prado fait parvenir à
Eugénie Forestier, alors en liberté provisoire, une dernière lettre. A la lecture, Eugénie Forestier ne peut
se méprendre : comparaître en justice, maintenir ses
précédentes déclarations, c'est encourir la vengeance
terrible de Prado. « Je serai acquitté malgré tous ces
efforts... Je ne resterai donc pas longtemps sans être
libre, sans pouvoir *demander compte de mes tourments
à qui de droit....* Je serai acquitté, sois en sûre, je
ne me fais pas d'illusion... Je te le répète, Eugénie,
crois-moi ; arrange-toi comme tu voudras, mais va-t-en,
ne viens pas en Cour d'assises.... Si tu ne veux pas
me croire, tu le verras pendant les débats et alors tu
comprendras ce qu'a de noble mon conseil et quelle
est l'âme de celui que tu as appelé ton bébé, ton petit
homme et que tu as voulu briser, mais qui, du choc,
va se relever plus fort que jamais, crois-le, *à l'horrible
stupeur et à la frayeur de beaucoup.* Je te le répète,
Eugénie, crois-moi, *pars et attends.* Je ne puis t'en dire
davantage, comprends si tu veux. »

Nous comprenons, Prado ; Eugénie Forestier est devenue, par vos aveux, le témoin du crime, vous voulez
éviter sa déposition en justice. Quelle preuve plus décisive
pourrait être fournie de sa sincérité ? Eugénie Forestier
a dit vrai : vous êtes l'assassin de Marie Aguétant[1].

---

[1] Eugénie Forestier n'est pas, semble-t-il, la seule personne qui ait
reçu les aveux de Prado. Roberto Andrès, détenu à la maison centrale
de correction de Poissy (V. la notice, p. 3 et 4), a écrit, à la date du
25 août 1889, à M. le juge d'instruction Guillot, la lettre suivante que
nous transcrivons littéralement sans rectifier l'orthographe ni la ponctua-
tion : « Je viens de savoir par un détenu qui se trouve à mon coté que le
misérable Prado eut la sansfaçon de dire, lorsqu'il allé être exécuté *qu'il
était innocent.* L'affaire appartient à l'histoire et d'un autre coté l'opi-

DEUXIÈME SECTION.

AUTRES CHEFS D'ACCUSATION.

Vous souvient-il, messieurs les Jurés, d'avoir lu dans le beau roman de Victor Hugo, *Les Misérables,* la description saisissante de l'enlizement? Un homme cheminant à marée base sur la grève, loin du rivage, s'aperçoit soudain que, depuis quelques minutes, il marche avec quelque peine. La plage est sous ses pieds comme de la glu. La semelle s'y attache. A chaque pas il se sent plus

nion publique aura fait son jugement, mais comme cela me fait rappeler son ingratitude envers vous, je crois que c'est un devoir pour moi de donner un démenti formel à son innocence, et de vous dire que en plus de ce que j'avais communiqué à mon avocat M. Boulay avant les assises, ils sont là les mots de Linska o Prado (qui ont été prononcés le dernier jour des assises en parlant de l'affaire de Marie Aguetan devant Ibanez, Garcia et moi). Il disait Prado à cette occasion qu'il ne l'avait pas dit à son avocat que c'était lui, Prado, l'assassin. Ces déclarations, je vous les offre, monsieur Guillot, dans la forme qu'il pourra vous convenir le plus; dans le cas que dans quelque circonstance de la vie, par hasard un jour vous en auriez la nécessité. Pour être plus sûr j'ai demandé à Ibanez s'il se rappele ce qu'il avait dit ce fripon de Prado à l'occasion que j'indique, et il m'a reppondu affirmativement, et je suppose que Garcia ne l'aura pas oublié non plus. Agréez..... »

Interrogé le 4 septembre par M. le juge de paix de Poissy procédant en vertu d'une commission rogatoire, Roberto Andrès s'est exprimé en ces termes :

« Prado a prétendu qu'il était innocent, c'est faux parce qu'il a dit devant Ibanez Garcia et moi, en espagnol, qu'il était l'assassin de Marie Aguetan. J'ai déclaré à mon avocat avant les assises que Prado m'avait dit à moi seulement : « On m'a découvert une morte. » Au surplus je confirme expressément ce que j'ai écrit à M. Guillot juge d'instruction à Paris dans ma lettre du 25 août dernier. »

lourd, il enfonce, les pieds disparaissent. Il veut revenir
en arrière et enfonce profondément. Le voilà dans le sable
jusqu'aux genoux, jusqu'au ventre. Le sable atteint la
poitrine. Il élève les mains, veut se retenir, jette des cris
désespérés. Vains efforts. Le sable monte, le malheureux
remue, s'agite et disparaît.

L'enlizement c'est l'image de la disparition, de l'efface-
ment moral d'un homme par le crime. Prado évoque
cette image à mon esprit. L'assassinat de Marie Aguétant,
c'est le boulet qui l'entraîne sur la pente glissante du
mal; mais tandis que l'homme enlizé tente, pour revenir
à la surface, des efforts persévérants, Prado se livrant sans
réserve à ses instincts, à ses vices, ajoute crime à crime.
C'est ainsi qu'à l'assassinat de Marie Aguétant succèdent
la tentative de meurtre sur Eugénie Forestier, le vol de
bijoux à Royan, le vol de bijoux à Paris, les blessures
faites à l'agent de police Montmont dans l'exercice de ses
fonctions.

Sur ces quatre chefs d'accusation, mon réquisitoire
sera très bref. Pour chacun, il suffira de rappeler un ou
deux éléments de l'information et des témoignages. La
culpabilité jaillit éclatante.

§ I.

Tentative de meurtre sur Eugénie Forestier.

Au mois de juillet 1886, Eugénie Forestier et Prado
font encore chambre commune à Bordeaux dans l'hôtel
des Pyrénées. Mais des scènes de jalousie éclatent fréquemment. Au cours de l'une d'elles, Prado étreint

violemment Eugénie Forestier à la gorge. « Il faut que je te tue. » — « Oui, comme tu as fait à l'autre. » — « Imbécile! Non, tu n'es pas une imbécile; tu vois trop clair dans mes affaires. Il faut que je te tue! » Saisissant son révolver, il le braque sur Eugénie. Celle-ci se détourne, la balle va percer la porte de la chambre. Prado ne nie pas le fait. Comment le pourrait-il en présence des constatations du commissaire de police et de l'armurier? « Je voulais simplement m'exercer, dit-il, et montrer à Eugénie Forestier le mode de fonctionnement de mon révolver. » Singulière idée, vraiment, que de prendre pour cible une porte séparant deux chambres habitées! Comment se fait-il que la balle soit partie à la hauteur d'un mètre quarante-cinq centimètres, c'est-à-dire précisément à la hauteur du visage d'Eugénie Forestier, et que Prado fût debout en tirant?

Sans doute, personne, soit dans l'hôtel, soit au dehors, n'a entendu la détonation, mais qu'importe? Prado reconnaît avoir tiré. C'était d'ailleurs le jour de la Fête Nationale, 14 juillet : le bruit de la rue a couvert le bruit de la détonation et ce dernier bruit a été fort léger si l'on en croit le rapport de l'armurier Ducasse : « L'arme qui a tiré est du calibre de 5 millimètres; c'est généralement un pistolet de poche de peu de volume, faisant peu de bruit à l'explosion. »

Qu'importe encore que la balle fût de petit calibre? Ce qu'il faut considérer, c'est la force de projection. Or la balle a traversé la porte et atteint le mur de la cour. N'est-ce pas avec ce même révolver que Prado a tiré sur l'agent Montmont et ne savons-nous pas que la blessure de cet agent a failli être mortelle?

Prado invoque, il est vrai, la continuation de la vie commune. « Si j'ai réellement commis une tentative de meurtre, comment Eugénie Forestier ne s'est-elle pas enfuie? Comment comprendre qu'elle ait pendant un mois continué à partager ma table et mon lit? » « Mais que pouvais-je devenir, répond Eugénie Forestier, seule, sans ressources, courbée sous la domination de cet homme? Nous nous comportions comme mari et femme. Il m'en coûtait de révéler l'irrégularité de la situation. »

L'intention homicide paraît suffisamment établie. Elle ne surprendra pas chez Prado dont on connaît la violence de caractère, l'emportement, surtout si l'on se rappelle les menaces qu'il proféra, le poignard à la main, au mois de septembre 1886, à l'hôtel d'Europe où s'était retirée Eugénie Forestier. A cet égard, vous ne pouvez avoir oublié la déposition si nette, si affirmative de la bonne Radegonde Grémillon.

Dans le cours de l'instruction, Prado a laissé échapper des aveux qu'il importe de recueillir. Il aurait dit à Mauricette Couronneau qu'il avait tiré sur Eugénie Forestier pour la tuer, et lors d'une confrontation avec Eugénie Forestier, le 27 juin 1888, il n'hésite pas à s'écrier : « Oui, tu as pu avoir des soupçons, tu m'as dit que tu me soupçonnais le jour où j'ai voulu te tuer. »

« Comme tu as fait à l'autre. » Cette allusion à l'assassinat de Marie Aguétant trouble Prado. Il pressent une accusatrice. Ne faut-il pas qu'il la supprime?

§ II.

Vol de diamants à Royan-les-Bains, au préjudice du sieur Forgerit.

Cependant les intrigues nouées par Prado autour de Mauricette Couronneau et de sa mère avaient réussi. Mauricette Couronneau était devenue sa maîtresse et la mère avait épuisé ses ressources à l'entretien de l'amant de sa fille. L'idée d'un vol surgit naturellement à l'esprit de Prado. Au mois d'août 1887, il part pour Royan, séjourne une semaine dans cette ville, simule un retour définitif à Bordeaux, et une nuit, en un tour de main, soustrait dans un magasin des bijoux pour une valeur de 20,000 francs.

Le vol a été commis au préjudice du bijoutier Forgerit dans la nuit du 24 au 25 août. « Mais le 24 août au soir, dit Prado, j'étais à Bordeaux, célébrant ma fête, la Saint-Louis, dans la famille Couronneau ; la Saint-Louis figure au calendrier au 25 août et les fêtes ont toujours lieu la veille. » Mme Couronneau a tenté à l'audience de confirmer le dire de Prado. Mais avec quel embarras, quelle hésitation ! « Je ne sais pas quel jour Prado a célébré sa fête, je n'ai pas remarqué le jour. » Devant le juge d'instruction, à la date du 3 août 1888, elle n'avait pas été beaucoup plus explicite. « Il m'est impossible de vous dire si c'est le 24 ou le 25 août 1887 ou à toute autre date que nous avons mangé ensemble un gâteau. » L'attitude de ce témoin est vraiment surprenante. Sa fille est sur les bancs de la Cour d'assises, elle paraît l'oublier pour ne s'intéresser qu'à Prado. Pas une prière en faveur de son enfant, mais une déposition manifestement contraire à la vérité, bâtie de toutes pièces pour protéger Prado. Un détail bien caractéristique fait saisir sur le vif l'état de suggestion de ce témoin. Jamais pendant le cours de l'instruction, Mme Couronneau n'avait songé à signaler au juge cette particularité que le jour ou le lendemain du vol, Prado aurait fait une collation chez elle à l'occasion de la fête saint Louis. Mais le 21 mai 1888 Prado s'avise d'écrire au juge d'instruction que, dans la nuit du 24 au 25 août 1887, il était à Bordeaux célébrant sa fête, et Mme Couronneau, vraisemblablement prévenue, sans qu'on sache par qui, n'hésite pas à faire allusion, dans un interrogatoire du 3 août 1888, à ce prétendu repas en commun du 24 ou du 25 août 1887.

Que vaut une déclaration aussi vague, aussi suspecte à l'encontre de la déposition nette, énergique du témoin Cuisinier? Ce militaire, ouvrier chez Forgerit, connaît Prado à ne pouvoir s'y méprendre, puisqu'il l'a vu à plusieurs reprises au magasin. Or, il affirme avoir rencontré Prado deux fois dans la journée du 24 août, notamment le soir, vers dix heures, au Bar américain. Le président insiste. « Je suis bien sûr, répond-il : la personne que voilà est bien celle que j'ai vue le 24 août. » Remarquons d'ailleurs que de Royan-lès-Bains à Bordeaux, la distance est très courte, que le trajet s'accomplit en chemin de fer en 3 heures 1/2, que les trains sont assez nombreux et qu'il a dès lors été facile à Prado de commettre le vol dans la nuit du 24 au 25 et de souper chez Mme Couronneau à Bordeaux dans la soirée du 25.

Mais pourquoi discuter plus longtemps? Prado n'a-t-il pas reconnu sa culpabilité? Trois déclarations successives devant le juge d'instruction ne laissent aucun doute. — 22 décembre 1887. « Quant au vol de bijoux commis à Royan-les-Bains, je reconnais que j'en suis l'auteur. J'ai vendu une partie des bijoux de côté et d'autre. » — 30 juin 1888. « Je n'ai pas volé les bijoux à Royan, je les ai reçus d'un nommé Benito Lopez, mais je savais qu'ils étaient volés. » — Enfin, dans les interrogatoires des 2 et 10 août 1888, il avoue avoir eu l'intention de commettre le vol; il a étudié les êtres de la maison, emporté les clés de la porte extérieure, pris les empreintes des serrures aux portes intérieures, « mais, ajoute-t-il, c'est Benito Lopez qui a exécuté le projet; je me suis seulement chargé d'écouler les produits du vol. » A l'audience, même système. Dès lors, de son propre aveu, dans ce système subsidiaire, il serait tout au moins complice. Or la loi frappe le complice de la même peine que l'auteur principal. Qu'importe dès lors que Prado soit auteur principal ou complice? Pour la complicité, la preuve existe indépendamment des aveux de Prado. Des témoins de Bordeaux, de Paris, entendus à l'audience, déclarent avoir acheté à Prado des bijoux qui appartiennent à Forgerit. Les autres bijoux provenant de ce même vol ont été distribués par Prado à ses coaccusés. Ceux-ci le reconnaissent et sont précisément sur les bancs de la Cour d'assises comme complices par recel.

Avant d'en finir avec le vol Forgerit, permettez-moi une observation qui me paraît utile. La porte du magasin où le vol a été commis a été trouvée fermée; Prado allègue un alibi, et quand il essaie, niant le vol, d'expliquer la possession des bijoux, il imagine l'intervention d'un tiers qui serait le prétendu voleur, un personnage introuvable, Benito Lopez. A propos de l'assassinat de Marie Agué-tant, nous avons rencontré les mêmes procédés. L'assas-sin a refermé la porte de la chambre, Prado a plaidé l'alibi; enfin il a raconté qu'il avait volé les bijoux de Marie Aguétant à un individu rencontré sur la ligne du chemin de fer d'Irun à Madrid. Voilà des coïncidences assurément remarquables. Je reconnais la marque de fa-brique, c'est toujours du Prado.

§ III.

Vol à Paris, Cours-la-Reine, au préjudice du sieur Lorenzo.

Après le vol commis à Royan, Prado, chargé de butin, rentre à Paris le premier septembre 1887. Il répartit entre ses coaccusés les bijoux Forgerit. Pendant que ceux-ci effectuent de leur mieux le placement, Prado se remet à l'œuvre et prépare une nouvelle expédition. Dans un hôtel, Cours-la-Reine, habitait un Espagnol, Lorenzo, possesseur de pierres précieuses et de nombreux bijoux. L'instruction et les débats ont révélé comment Prado, avec une habileté prodigieuse, s'était introduit dans l'intimité de Lorenzo, avait recueilli tous les rensei-gnements utiles et par l'offre à la famille Lorenzo d'une loge au théâtre du Châtelet, avait fait place nette dans l'appartement. Le 28 novembre, vers onze heures du soir, il s'introduit dans le cabinet de Lorenzo, fracture divers meubles, s'empare du coffret contenant les pierres précieuses et les bijoux et tente de disparaître. Au bas de l'escalier, il est surpris en flagrant délit par un garçon de l'hôtel, Zambeau, mais il s'échappe abandonnant le coffret.

Le coffret fut rendu à Lorenzo sans qu'on ait eu la précaution de vérifier le contenu; aussi Prado demande-t-il ironiquement à l'accusation de lui fournir la preuve que ce coffret renfermait des pierres précieuses et des bijoux. L'accusation pourrait se dispenser de tenter cette preuve : le vol du coffret suffit; quel que soit l'objet du vol, la peine ne change pas. Mais il est aisé de répondre par les déclarations de Lorenzo, par les aveux de Prado lui-même. Déclarations de Lorenzo. — 29 novembre 1887, Commissaire de police. « J'ai enfermé tous mes bijoux, valeurs, etc., en un mot tout ce que je possédais dans une petite caisse en fer placée à l'intérieur du coffre-fort. Cette caisse était munie d'une serrure spéciale avec combinaison de lettres que j'ai brouillées avant de partir au théâtre. » — 3 décembre 1887, Juge d'instruction. « J'ai renfermé mes bijoux dans le coffret avant de partir, après avoir eu soin de brouiller le jeu de lettres. » — Prado, interrogé dans le cours de l'instruction, n'est pas moins explicite. — 30 novembre 1887. « M. Lorenzo m'a fait savoir qu'il voulait se défaire d'une certaine quantité de bijoux, diamants, et je lui dis que je pourrais l'aider à les placer. Je suis monté avec lui dans son appartement et il me les a fait voir. » — 17 août 1888. « Persistez-vous dans les réponses que vous avez faites le 30 novembre dernier? » — « Je persiste dans les aveux que j'ai faits ce jour-là. » — « Ainsi, vous reconnaissez avoir fracturé deux malles, avoir ouvert le coffre-fort avec une des clés que vous aviez trouvées dans la malle et, enfin, avoir emporté dans votre chambre le coffret en fer qui contenait les bijoux. » — « Oui, monsieur. » — Comment Prado peut-il prétendre aujourd'hui que le coffret était vide? On se figure assez difficilement, d'ailleurs, Prado tentant de commettre un vol inutile.

§ IV.

Blessures à l'agent de police Montmont, dans l'exercice de ses fonctions, avec intention de lui donner la mort.

Zambeau, garçon d'hôtel, surprenant Prado en flagrant délit de vol, court à la poursuite; il va l'atteindre; Prado braque son révolver; Zambeau hésite, s'arrête; Prado gagne le large. Cependant, aux cris : Au voleur, deux agents se précipitent. L'agent Montmont serre de près le fugitif. Celui-ci se retourne, vise, tire à bout portant. L'agent blessé à la tête continue la poursuite. Quelques instants après, Prado est arrêté.

Prado nie l'intention homicide : il a voulu seulement effrayer, ralentir la poursuite. L'intention homicide est certaine. Il résulte des déclarations des agents que Prado s'est arrêté, a regardé, visé, tiré à bout portant. L'agent Montmont était au plus à vingt-cinq centimètres de distance. La balle a atteint l'agent à la tête, mais a glissé; qu'elle eût dévié quelque peu, l'agent était mort.

« A quoi bon tuer l'agent, dit Prado; deux cents personnes suivaient, je ne pouvais échapper. » Cette allégation est fausse. La foule était loin, sur le quai, près du pont. L'agent courait sur la berge. Le garçon d'hôtel Zambeau arrivait de l'autre côté de la berge, de manière à fermer le cercle. Tuer l'agent, c'était assurer la fuite.

Qu'importait à Prado de commettre un crime de plus? En la personne de cet agent de la loi, il voyait se dresser la Justice. Il a voulu, par un crime nouveau, retarder la suprême expiation. Cet homme sinistre, dont l'existence paraît n'avoir été qu'une insurrection permanente contre la société et les lois, pouvait-il terminer sa sanglante odyssée autrement que par un attentat contre un représentant de la société et des lois?

Telle est, accusé Prado, la longue série de vos crimes et de vos méfaits. Il s'en est fallu de peu qu'elle ne s'accrût d'un nouveau crime, l'assassinat de M. le juge d'instruction Guillot. Si Garcia, votre coaccusé, se conformant aux instructions de la lettre remise par vous à Mauricette Couronneau [1], avait pu vous faire parvenir

---

[1] Lettre remise par Prado à Mauricette Couronneau et destinée à Garcia. Il s'agit de Garcia, le coaccusé de Prado, et non de José Garcia Jimeno, le témoin espagnol. Cette lettre, communiquée par Mauricette Couronneau pendant les débats, était incomplète, et certains passages, dans les parties conservées, avaient été effacés.

« ..... J'ai trouvé un autre moyen qui, celui-là, ne demande de votre part ni courage ni exposition. Aussi, je compte sur vous comme sur le Messie. Vous savez que Mauri parle avec moi quand nous voulons dans le petit cabinet du juge. Or, celui-ci aussi m'écoute en particulier quand je le lui demande. C'est grâce à ces circonstances que j'ai imaginé l'évasion la plus hardie qu'on puisse imaginer, sans risque et sûre. Je vais lui demander une entrevue; je m'enferme avec lui, je lui fais un préambule pour savoir ce que vaut une parole d'honneur, et puis brusquement je lui braque un révolver sur le nez en lui disant : « Monsieur, je sais que vous êtes incapable de manquer à votre parole (et c'est vrai). Vous allez me la donner que vous me laissez cinq minutes pour partir sans bouger ni pousser un cri; si vous ne voulez pas, vous savez de quoi je suis

un révolver, M. le juge d'instruction Guillot serait mort
à cette heure. Mais je ne sais, en vérité, ce qui m'in-
digne le plus, de ce projet d'assassinat ou des lâches
imputations dirigées contre l'honorable magistrat. Prado,
prétextant des révélations à faire à Mauricette Couron-

capable, et bien, foi de Prado, je vous brûle la cervelle et moi après :
la liberté ou la mort. » C'est sûr qu'il y consentira ; il ne peut pas moins
faire. Il sait que je suis capable de faire bien plus. Alors je sors de la
petite porte que je ferme du dehors et j'emporte la clef, en cas qu'il manquerait à sa parole (ce que je ne crois pas) et j'ai de toutes manières le
temps de gagner la salle des Pas-perdus. L'autre porte qui donne dans
son bureau, je l'aurais fermée dès le début. Quand lui vient me parler,
les gardes restent toujours dans son bureau. Vous voyez que pour moi
c'est une évasion qui devient un amusement et qui fera rudement parler.
Il ne s'agit que d'avoir le révolver et comme une femme ne peut pas l'a-
cheter, il faut que ce soit vous. Je crois que le rôle que je vous donne
n'est pas au-dessus de vos forces puisqu'il n'y a aucun danger. Quoi que
ce soit qu'il arrive, ce révolver m'aura été donné par un surveillant de
Mazas que je ne veux pas nommer pour ne pas le compromettre, etc., etc.
Enfin vous savez l'homme que je suis, de mon côté il n'y a aucune crainte.
D'autant plus que la chose est aussi sûre que boire un verre d'eau, et le
juge sera le premier à dire tout — moins que je l'ai intimidé avec une
arme. J'arrangerai cela avec lui. Demandez à Mauri comme je le carotte.
Il me semble voir la figure qu'il va faire devant mon révolver. Il ne de-
mandera pas mieux que de me voir loin en ce moment-là, surtout d'après
l'idée qu'il a de moi. Aussi est-ce sûr ! Donc aussitôt que vous aurez ma
lettre, sans perdre un instant, vous irez m'acheter un révolver, de ceux
qu'on appelle bull-dogg (bouledogue). Ce sont des révolvers dont le
canon est très court, mais d'un calibre fort, de neuf à douze millimètres.
Vous comprenez que pour intimider un homme il faut une grosse balle,
et si je me fais sauter la cervelle, je ne veux pas me rater et souffrir.
Donc, je préfère douze millimètres. Vous verrez, quoique d'aussi fort
calibre, ils rentrent presque dans la poche du gilet. Je sais comment
m'arranger pour le rentrer à Mazas et l'en sortir sur moi. En cas que
vous n'auriez pas d'argent, trouvez-en, coûte que coûte, à tout prix. A
la dernière extrémité, vous iriez chez Eugénie, rue Saint-Georges, 46 ;
vous lui diriez que vous en avez besoin pour moi, que c'est de ma vie
qu'il s'agit, et surtout vous lui diriez qu'elle n'a pas à me craindre, que
je ne lui en veux pas, comme elle pourrait le croire. Elle vous donnera
l'argent, quand même elle devrait l'emprunter. D'ailleurs ce révolver ne

neau dans l'intérêt de leur enfant, obtint des entrevues auxquelles M. le juge d'instruction consentit à ne pas assister. Cette réserve honore le magistrat. Ne convenait-il pas d'atténuer les rigueurs de la procédure criminelle en faveur d'un enfant dont le père, sous le coup d'une

peut coûter que de 20 à 30 francs. S'il y a quelque argent de reste, vous l'enverrez aussi, que je prenne une voiture. Vous enverrez aussi un col de chemise. Il faut que tout soit fait à la minute, de manière que Mauri me l'apporte demain jeudi. Mon instruction n'a que deux ou trois jours à durer. Je ferai aussitôt le malade pour n'être appelé que la semaine prochaine, afin que je sois resté quelque temps incommuniqué. Mauri pendant ce temps-là sera partie à Bordeaux. Voyez si vous savez où je pourrais me cacher?..... Vous le diriez à Mauri qu'elle me le dise. Moi je sais bien où aller, mais ce n'est pas sûr, parce que vous savez bien qu'on ne peut se fier à personne. D'autant plus que je voudrais rester à Paris pour gagner quelques milliers de francs que me donnera un journal pour publier ma vie, mon procès, etc. On m'en a déjà parlé..... Vous voyez que cette fois je ne vous demande pas grand'chose pour me sauver la vie en compagnie de ma Mauri que j'aime tant comme vous le savez. Si vous pouvez, passez-vous d'Eugénie, mais surtout ne lui faites pas voir de lettre que vous déchirerez d'ailleurs aussitôt. Vous savez aujourd'hui ce qu'il en coûte de garder des lettres sur soi et combien vous auriez dû écouter mes conseils sur cet article. Si j'avais eu cette idée d'évasion plus tôt je ne serais plus à Mazas! Ce que j'y souffre! Je compte sur vous. Mauri vous dira tout le reste. Il faut que sans faute elle puisse m'apporter çà demain jeudi. Un jour de retard me perdrait. D'autant plus que si je ne voyais pas qu'elle me l'apporte, je pourrais croire que réellement vous désirez ma mort et changer en fiel et en colère tous les bons sentiments de mon cœur et faire germer en moi des idées que je veux jusqu'alors tenir éloignées du genre de conduite que je me suis imposé. Pensez à tout ce que je ferais plutôt que de savoir que ma Mauri peut être à un autre. Je la perdrais elle-même. J'aimerais mieux la savoir en prison que possédée par un autre qui, je le sais, l'a demandée en mariage. Au moins j'aurais le temps de revenir de la Nouvelle-Calédonie pour empêcher une pareille monstruosité. Je la tuerais plutôt. Je l'aime tant! Vous le savez bien..... Mais point de tristes idées. Soyons unis. Aimons-nous. Prado vaut la peine d'être adoré, croyez-moi tous! Personne ne sait le cœur que j'ai. Au revoir. Sauvez-moi! Par ma fille! Comme je suis sûr de réussir, tâchez de voir où j'aurai un abri sûr. Que je serai heureux! »

accusation capitale, refusait obstinément de livrer son identité, à moins qu'il ne fût laissé seul à seul avec la mère et pût l'entretenir sous le sceau du secret? Prado s'est joué de la confiance du juge. Ces entrevues secrètes devaient faciliter son projet d'évasion. Pourrait-on en douter après les déclarations si formelles de Mauricette Couronneau et la lettre produite aux débats? Et cependant à l'audience, Prado, cynique, insolent, ose alléguer que ces entrevues sollicitées par lui n'avaient été autorisées par le juge qu'afin d'obtenir de Mauricette Couronneau des déclarations favorables à la prévention! Lorsque ces allégations outrageantes se sont produites, M. le président des assises et le ministère public se sont tus. Il leur a semblé que dans une affaire aussi grave, la défense devait pouvoir user de libertés même excessives. Mais aujourd'hui que les débats sont terminés, je ne suis plus tenu à la même réserve, je relève l'outrage et je considère comme un devoir de rendre du haut de ce siège, avec l'autorité qui s'attache à ma parole, un public hommage à un magistrat éminent qu'entoure l'estime respectueuse de ses collègues et de ses chefs. Accusé, Prado, vos allégations sont une infamie.

Mais qui donc êtes-vous? La question demeure toujours sans réponse. Que m'importe au surplus votre nom? Votre existence n'est qu'une suite ininterrompue de turpitudes ou de méfaits. Pas une bonne action dont vous osiez vous vanter! Pas un jour, pas une heure consacrés au travail, au bien! La prostitution, le vol, l'assassinat, voilà vos moyens d'existence! La pince-monseigneur, les fausses clés, le révolver, le poignard, voilà vos instruments de travail! Quand donc la société sera-t-elle débarrassée d'un malfaiteur aussi dangereux?

DEUXIÈME PARTIE.

COACCUSÉS DE PRADO.

—

Malgré son audace et les ressources prodigieuses de son esprit, Prado ne pouvait, du moins pour les vols, opérer seul. Sans doute, il se chargeait seul de l'exécution. « Je me défie de l'habileté des complices, dit-il quelque part, et quand mon esprit a conçu un projet, ma main l'exécute aussitôt. » Mais une fois les vols accomplis, Prado ne pouvait se flatter d'en écouler seul les produits. Il eût fallu trop de temps et c'était s'exposer à de graves dangers. Tout voleur de profession groupe autour de lui des recéleurs. Le recéleur c'est en quelque sorte le creuset dans lequel les objets volés se transforment et disparaissent. Grâce aux recéleurs, le voleur ne garde chez lui aucun objet compromettant et les perquisitions à son domicile demeurent infructueuses.

Il fallait à Prado, voleur de profession, des complices par recel. Il les trouva aisément. Indépendamment de ses deux maîtresses, Eugénie Forestier et Mauricette Couronneau, Prado avait attiré ou rencontré, sur le pavé de Paris, Garcia, Ibanez, Andrès, Mathilde Daull, la femme Pablo. Tous déclassés, sans ressources, acculés aux expédients, maris séparés de leurs femmes, femmes ayant abandonné leurs maris, amants et maîtresses, vivaient dans la promiscuité de la débauche et du vol. « C'était une vilaine populace, » a dit la femme Westermann, logeuse, rue Richelieu, faisant allusion à leurs allées et venues, à leurs conciliabules dans la chambre de Prado.

L'industrie du vol n'était sans doute pas suffisamment lucrative. On y joignit la fabrication de traites fausses. La police a saisi dans la chambre de Garcia un sac contenant tout l'attirail nécessaire à la fabrication de traites fausses : timbres en métal et en caoutchouc, tampons, bouteilles d'encre, traites en blanc, listes de commerçants. Pendant leur détention à Marenne, les inculpés se préoccupaient de faire disparaître ce sac compromettant. Ils chargèrent un codétenu, Chipito, de se rendre, dès sa libération, au domicile de Garcia et de jeter le sac à la Seine. En outre, une lettre de Garcia, reproduite à l'autographie, pages 90-95, numéro 42, donne à une dame Jules des indications précises sur la cachette du sac et sur son contenu, ainsi que des instructions très complètes sur l'usage à faire des traites et les moyens de les supprimer au plus vite. Il y a tout un dossier relativement à la fabrication des traites fausses, mais il est inutile de le parcourir plus avant, le fait de la fabrication des traites fausses n'étant retenu que comme élément de moralité. Il n'y a eu ni émission de traites fausses, ni tentative d'émission suffisamment caractérisée au point de vue pénal.

Un chef unique de prévention est relevé contre les coaccusés de Prado : complicité par recel du vol de bijoux commis par Prado à Royan, dans la nuit du 24 au 25 août, au préjudice du sieur Forgerit. De l'aveu des accusés eux-mêmes il résulte que chacun d'eux a reçu, gardé, engagé, vendu des bijoux provenant du vol. Chacun d'eux a été trouvé porteur ou nanti de bijoux ou de reconnaissances du Mont-de-Piété. Eugénie Forestier,

Mauricette Couronneau avouent franchement, sans ambages, qu'elles connaissaient la provenance frauduleuse des bijoux. Garcia, Mathilde Daull, sa maîtresse, Andrès, la femme Pablo, sa maîtresse, Ibanez tentent de plaider la bonne foi. Ils ignoraient le vol. En vérité, c'est se moquer! Comment! Prado n'a ni profession, ni ressources; tout à coup, il apparaît les mains pleines de bijoux riches et variés. Il en fait des largesses; on vend de divers côtés ces bijoux, on les engage sous des noms fictifs; des réunions incessantes, des conciliabules sont tenus dans la chambre de Prado ou dans celle de Garcia; on partage le produit des ventes et des engagements; les bijoux qui portent des signes caractéristiques, compromettants, sont démontés, grattés. Pourquoi ces allées et venues mystérieuses, pourquoi ces précautions? Pourquoi, l'arrestation de Prado connue, tous les coaccusés combinent-ils leurs efforts pour le couvrir et le sauver? Prado est manifestement leur chef : il est de ce grand corps de voleurs l'âme toute-puissante.

Ces considérations générales démontrent jusqu'à l'évidence la culpabilité des coaccusés de Prado. Il est, dès lors, inutile d'entrer dans les détails : ce ne seraient que redites fastidieuses. Quelques mots suffiront pour permettre à la Cour d'apprécier exactement le degré de culpabilité de chaque accusé.

§ 1. *Garcia.* — *Mathilde Daull.*

. . . .

. . . .

§ 2. *Roberto Andrès.* — *Encarnacion Pradès, femme Pablo.*

. . . .

. . . .

§ 3. *Ibanez.*

. . . .

. . . .

§ 4. *Eugénie Forestier.*

. . . .

. . . .

§ 5. *Mauricette Couronneau.*

Les forces physiques me trahissent-elles? Ou bien
suis-je envahi par un sentiment de pitié? L'accusation,
lasse de requérir tant de condamnations, faiblit. J'ai
quelque effort à faire, je l'avoue. De ce groupe d'hommes
et de femmes mêlés, gens sans aveu, débauchés, scélé-
rats, Mauricette Couronneau se détache. Quand Prado l'a
saisie pour la jeter dans la tourmente, elle était jeune,
confiante et pure. Honneur, amour, illusions, ces fleurs
de sa couronne, au souffle délétère du criminel Prado,
sont tombées une à une. L'infortunée! Elle rougit de sa
maternité et son enfant l'attache à jamais à ce passé de
douleur et de honte. Quelle expiation! La justice humaine
pourrait-elle infliger un châtiment plus sévère?

Pourtant la loi m'oblige à requérir contre elle. D'après
ses aveux réitérés, elle a accepté, vendu, donné en gage
des bijoux sachant qu'ils provenaient de vol. La participation au recel a même été très active. Mais peut-être
estimerez-vous que la jeunesse, l'inexpérience, l'ascen-
dant qu'exerçait Prado atténuent la faute, effacent même
toute criminalité.

TROISIÈME PARTIE.
PÉRORAISON.

—

J'ai fini, messieurs les Jurés. Le ministère public dé-
fère à votre justice huit accusés. En ce qui concerne les
coaccusés de Prado, vous aimerez à vous mouvoir en toute
liberté dans le cercle des questions qui vous seront soumises. Que vous fassiez une part plus ou moins large à
l'indulgence et à la pitié, l'accusation n'en sera ni peinée,
ni surprise. Permettez-moi cependant une considération.
Sans doute, la justice est due à l'homme bien plus qu'au
citoyen, et je rabaisserais mon rôle si j'osais faire appel
à un sentiment qui s'écarterait de la notion absolue du
juste. Mais, ne suis-je pas autorisé à dire? « Ibanez, Garcia, Andrès, femme Pablo, vous appartenez à une nationalité étrangère. La France offre aux étrangers une hos-
pitalité large, confiante, ils jouissent de la protection de
ses lois. Elle est en droit d'exiger des étrangers, plus que
des nationaux peut-être, le respect absolu de l'ordre et
des lois. Pourquoi donc, vagabonds et débauchés, venez-
vous sur le sol français prêter la main à l'assassinat et au
vol? Pourquoi venez-vous accroître, dans ce grand Paris,
les recrues de l'armée du mal? Le juge français vous doit
la justice, il ne vous doit ni l'indulgence ni la pitié ».

Il me reste à remplir un devoir douloureux. Les crimes
commis par l'accusé Prado entraînent la peine de mort.
Puisqu'il n'est pas donné à la nature humaine de contem-
pler la vérité éternelle, de posséder la certitude absolue,

la loi, œuvre des hommes, peut-elle décréter la mort, peine irréparable? Question grave et troublante qui souvent envahit mon esprit, mais que ni vous, messieurs les Jurés, ni moi, ministère public, n'avons le droit de nous poser et de résoudre ici. Nos sentiments intimes disparaissent absorbés dans la grandeur et la beauté du rôle que la loi nous confie, et je ne connais pas, pour ma part, de spectacle plus affligeant que celui qui serait donné par des magistrats retournant contre la loi l'autorité dont la loi elle-même les investit. Ministres de la loi, soyons durs et froids comme elle. La loi commande, obéissons.

Que la peine de mort soit ou non légitime, quel criminel l'encourut plus justement que l'accusé Prado? Doué des facultés les plus brillantes, il les a tournées obstinément vers le mal. Intelligence d'élite, imagination de poète, caractère énergique, au lieu de s'élever à la contemplation du beau, de parcourir la voie du bien dont les accès s'ouvraient à lui si faciles, il a donné libre cours à ses indomptables passions. Il a passé comme un fléau, portant le deuil, le déshonneur, la mort. Ah! quand on considère tant de dons et une telle perversité, une existence encore aussi courte et une aussi longue série de méfaits, on se surprend à douter que la Justice divine ait déposé dans toute conscience humaine la notion primordiale du bien. Mais non! comme chacun de nous, cet homme a eu son libre arbitre. La justice humaine a le droit de frapper. Non sans émotion, mais du moins sans faiblesse, puisque la loi ordonne, je requiers contre l'accusé Prado la peine capitale.

ASSASSINAT DU BOULEVARD SAINT-GERMAIN

(Caporal GÉOMAY)

ASSASSINAT DU BOULEVARD SAINT-GERMAIN

(Caporal GÉOMAY)

NOTICE

Dans la soirée du 13 janvier 1889, la veuve Roux, négociante en vins à Paris, boulevard Saint-Germain, numéro 234, fut assassinée. Un fragment d'une enveloppe de lettre portant les mots : caporal Géomay, Saint-Quentin, trouvée près du cadavre, permit de découvrir promptement le coupable. Condamné à mort par arrêt de la Cour d'assises de la Seine en date du 26 mars, le caporal Fulgence Géomay fut exécuté à Paris le 22 mai.

Avocat : Mᵉ Henry ROBERT.

Présidence de M. le conseiller Ernest Dupont.

RÉQUISITOIRE.

M<small>ESSIEURS</small> <small>LES</small> J<small>URÉS</small>,

Le 28 décembre, Prado était exécuté place de la Roquette. La peine de mort n'est-elle donc pas exemplaire? Ne produit-elle pas un effet intimidatif? Les criminels sont-ils les victimes d'une insurmontable fatalité? Certains individus sont-ils pervertis à ce point que ni le châtiment des coupables, ni la crainte du châtiment pour eux-mêmes ne les arrête dans l'accomplissement d'un projet criminel? Je ne sais; mais le 13 janvier, quinze jours à peine après l'exécution de Prado, en plein Paris, boulevard Saint-Germain, un dimanche, à neuf heures du soir, l'accusé Géomay, jeune soldat, assassinait une femme de soixante ans! Et ce crime, consommé froidement, sans émotion, sans trouble, était la réalisation d'un projet depuis long-temps conçu.

Dans un de ses premiers interrogatoires, l'accusé a laissé échapper un aveu bien significatif. « Il y a trois années environ, a-t-il dit, j'avais connu la veuve Roux. Chargé par elle à plusieurs reprises de commissions, j'a-

vais remarqué les dispositions de l'appartement. La veuve
Roux vivait seule, sans domestiques, sans employés. On
savait généralement qu'elle était riche. Ces détails me
sont revenus bien souvent à l'esprit pendant que j'étais
au régiment. Il me fallait de l'argent. L'idée m'est venue,
ce sont ses expressions mêmes, de « faire un coup »
chez la veuve Roux. Cette idée m'a obsédé et j'ai pris
une permission de quatre jours pour venir à Paris. »

Comprenant la gravité toute particulière d'un pareil
aveu, l'accusé s'est rétracté dans les interrogatoires postérieurs, reconnaissant toutefois, et il a constamment per-
sisté dans cette déclaration, soit à l'instruction, soit à
l'audience, que la résolution d'assassiner la veuve Roux
avait été définitivement arrêtée par lui dans la nuit du 11
au 12 janvier, c'est-à-dire dans la nuit du vendredi au
samedi, et que cette résolution s'était maintenue jusqu'au
moment du crime.

Sans doute, cette sorte de préméditation lointaine,
remontant à trois années environ, ne présente pas les éléments de continuité, de persévérance, et, si je puis ainsi
m'exprimer, de ténacité qui constituent la préméditation
proprement dite, telle que la loi pénale la comprend et la
définit. Mais du moins je suis autorisé, par les aveux
mêmes de l'accusé, à produire cette affirmation : longtemps, bien longtemps avant l'accomplissement du crime,
l'accusé a envisagé l'éventualité d'un assassinat, il a considéré l'assassinat comme un moyen de saisir la fortune,
et cette idée, par une sorte de suggestion, d'obsession, a
peu à peu envahi son esprit. Au lieu de résister, de réagir,
il s'est accoutumé complaisamment à elle, lui laissant
prendre pleine possession de sa volonté.

Si l'on en croit les assertions des psychologues et des moralistes, l'individu que hante une idée criminelle concentre en quelque sorte sur l'exécution toutes les facultés de son intelligence. L'esprit constamment tendu, il dirige ses réflexions, ses lectures, sa volonté vers cet unique objectif : à quels moyens recourir et comment échapper au châtiment. Assurément les causes criminelles les plus célèbres de ces deux dernières années, les plus retentissantes pour un individu du milieu social auquel appartient l'accusé, sont le procès Pranzini et le procès Prado. Eh bien! il est manifeste que dans son premier système de défense, l'accusé s'est inspiré des indications fournies par les débats du procès Pranzini et du procès Prado.

« Où avez-vous passé la journée du dimanche 13 janvier? De qui proviennent cette montre de femme et cette chaîne saisies en votre possession? » demande le juge d'instruction lors du premier interrogatoire. « J'ai passé la journée de dimanche à Colombes chez une femme que je ne veux pas nommer, et c'est d'elle que je tiens cette montre. » Ainsi parlait Pranzini. Le lendemain, 16 janvier, à la morgue, nouvelle version. « Tenez, monsieur, j'aime mieux vous dire la vérité. Hier et ce matin je n'ai pas voulu parler parce que j'étais en présence d'officiers et de sous-officiers de mon régiment, mais maintenant je vais tout vous dire. Je n'ai pas tué, mais j'avoue que j'étais là. Ce n'est pas moi qui l'ai fait, je me suis laissé entraîner bêtement... Un individu que je ne connaissais pas a lié conversation avec moi... Je ne sais que son prénom Louis... J'affirme que j'ai dit la vérité. Ce n'est pas moi qui ai tué la femme, j'ai seulement partagé avec mon compagnon le produit du vol. » Ceci c'est du Prado. Du moins entre cette explication fantaisiste et l'un des systèmes de défense proposés par Prado, l'analogie est saisissante. Ainsi, l'accusé Géomay, résolu à s'enrichir par l'assassinat, suivait une idée fixe et retenait des débats criminels les indications qui, plus tard, pourraient utilement servir à sa défense.

Mais arrivons à la préméditation. La préméditation, c'est l'élément constitutif, essentiel de l'assassinat. A défaut de préméditation, l'homicide volontaire est qualifié meurtre. La peine varie : pour le meurtre, les travaux forcés; pour l'assassinat, la mort. Cette différence de qualification et de pénalité s'explique aisément. Chez le meurtrier, la volonté criminelle surgit en quelque sorte tout à coup sous l'influence d'une passion vivement excitée. L'entraînement est subit, instantané. Aucun intervalle ne s'écoule entre la pensée et la mise à exécution. L'assassin au contraire arrête sa résolution de sang-froid, il réfléchit, médite, combine les moyens d'exécution. Aux termes de l'article 297 du Code pénal, « la préméditation consiste dans le dessein formé avant l'action d'attenter à la personne d'un individu déterminé. » L'accusé Géomay a-t-il, antérieurement à la soirée du dimanche 13 janvier, formé le dessein de tuer la veuve Roux? Incontestablement. Admettons, pour faire la part large à la défense, que l'accusé, quand il a sollicité la permission de quatre jours pour venir à Paris, espérait obtenir de sa mère les fonds dont il avait besoin. L'hypothèse pourtant est bien peu vraisemblable. Pouvait-il ignorer, en effet, que sa mère était dans une situation précaire, presque misérable? Du moins cette espérance s'était évanouie dans la matinée du vendredi 11 janvier.

Il sait en effet, dès le vendredi matin, par les indications de Dandelot, que sa mère est en prison pour vol. Dès lors, de sa mère il ne peut rien attendre. Que ne retourne-t-il à Saint-Quentin? Il lui faut de l'argent à tout prix. Comment pourrait-il rentrer au régiment sans payer ses dettes criardes? Comment reparaître les mains vides devant Henriette C., à qui il a promis tant de cadeaux? Comment soutenir la situation de fils de famille qu'il s'est attribuée faussement par une sotte vanité? La veuve Roux est riche, il tuera la veuve Roux pour s'emparer de l'argent et des titres. « La pensée du crime, dit-il au juge d'instruction dans son interrogatoire du 14 février, ne m'est venue que le vendredi soir, ou plutôt dans la nuit du vendredi au samedi, après que Dandelot m'eut appris que ma mère était arrêtée. Il me fallait, en effet, de l'argent à tout prix, et je ne voyais pas d'autre moyen de m'en procurer. »

Ainsi, de l'aveu même de l'accusé, c'est au moins dans la nuit du 11 au 12 janvier que sa résolution est prise. Désormais elle est ferme, irrévocable. Aussi va-t-il marcher droit vers son but sans se laisser détourner. Dans le magasin de Dandelot, il aperçoit un marteau à manche court; il s'en empare à l'insu de Dandelot et le dissimule dans la poche de sa capote. Ce sera l'instrument du crime. A cinq heures du soir, il quitte Dandelot, annonçant qu'il part pour Saint-Quentin. Pourquoi n'a-t-il pas exécuté son dessein criminel ce soir même? Je ne sais. Il passe la nuit chez Payer, rue Mouton-Duvernet. Dans la journée du dimanche, il se promène avec son ancien camarade de régiment, Dufays. Vers le soir, il s'en sépare. La nuit est venue. Il se dirige vers la boutique de la veuve Roux. Un bec de gaz brûlait encore près du bureau. Craignant d'être aperçu, il fait quelques pas jusqu'au carrefour de la rue du Bac, épiant le moment favorable. L'armature de fer qui, la nuit, protège la boutique, commence à s'abaisser. Il entre, assène sur la tête de la malheureuse femme un coup mortel, se précipite sur la manivelle, manœuvre vivement, ferme la devanture.

Vous connaissez les détails, détails horribles du crime. Avec quelle sauvagerie l'accusé a frappé, je devrais dire broyé sa victime! Il me serait facile de provoquer l'émotion, d'exciter votre sensibilité! Mais c'est à votre raison seule que je veux m'adresser. Demeurez froids et maîtres de vous-mêmes comme il convient à des juges. Un assassin n'est, après tout, responsable, en stricte justice, que du coup mortel volontairement donné. Qu'importe qu'il s'acharne sur le cadavre? Il frappe inconsciemment. L'ivresse du crime emporte la raison. L'homme disparaît, c'est la brute qui agit.

Mais quand un malfaiteur n'est pas irrémédiablement perverti, quand quelque lueur morale éclaire encore sa conscience, le crime accompli, la surexcitation tombe, il s'affaisse anéanti; la prostration est complète, ou bien, hanté par le remords, affolé, il se livre à la justice, sollicitant l'expiation, proclamant ainsi la souveraineté absolue de la loi morale qu'il avait cru pouvoir violer impunément!

Chez l'accusé, après le crime, ni émotion, ni défaillance, ni remords. A côté du cadavre, autour d'une mare de sang, il procède à une visite attentive, minutieuse de l'appartement, fouillant les meubles, ouvrant les tiroirs, faisant main basse sur l'argent. Vers une heure du matin il sort. Sur le Pont-Neuf il jette à la Seine le marteau et le mouchoir taché de sang. Puis il s'attable chez un marchand de vin, va dormir quelques heures à peine dans un garni des Halles. Dans la journée, il fait ses emplettes aux grands magasins, visite ses amis. Le soir, à Saint-Quentin, dans la famille C., on festoie. Henriette C. reçoit les cadeaux promis. Causeries et libations se continuent bien avant dans la nuit. A huit heures du matin il reparaît au bureau. Avec les camarades, il roule de cantine en cantine, de buvette en buvette. Et pendant ce long laps de temps, deux nuits, deux jours, l'accusé ne manifeste aucun trouble. Aucune altération sur ses traits, ni dans le son de sa voix! Le calme est absolu, la sérénité parfaite, l'assurance imperturbable. Enjoué, plein d'entrain, il régale, se complaisant en de nombreux détails sur son voyage à Paris.

On l'arrête. Avec quelle merveilleuse lucidité d'esprit il répond aux interrogatoires et combine ses moyens de défense! Deux fois interrogé à Saint-Quentin, il nie. Le lendemain, à Paris, à la morgue, devant le cadavre, il nie encore, imaginant cette étonnante histoire de la rencontre fortuite d'un tiers qui serait l'assassin et dont il aurait reçu les objets volés comme complice par recel. Ce n'est que le 16 janvier au soir, à onze heures, dans les bureaux du service de la sûreté qu'il avoue! Eprouve-t-il du moins de sincères regrets? Non. Les interrogatoires se succèdent, les témoignages sont recueillis, les confrontations ont lieu. C'est seulement à la date du 14 février, un mois après le crime, qu'on l'entend, pour la première fois, exprimer des regrets. Ah vraiment! une telle insensibilité me confond et me déconcerte! Le libre-arbitre ne serait-il qu'un vain mot? Dans cet effondrement par le crime, tout sentiment humain a sombré, aucune notion morale n'est demeurée debout.

Le mobile du crime, c'est le vol. « J'ai pris le parti de tuer la veuve Roux pour m'emparer de son argent, voulant en finir avec l'existence que j'avais menée jusque-là. » Ainsi s'est exprimé l'accusé dans un interrogatoire du 16 janvier. Comment a-t-il osé parler ainsi? Certes, l'accusé n'appartient pas à cette catégorie de misérables et de déclassés qui, dès leur enfance, sont jetés sur le pavé des rues, que la misère incite au vice et au vol, que le vice et le vol entraînent au crime. Sa famille l'a élevé dans des conditions relatives de bien-être. Il a reçu une instruction primaire complète. A la mort de son père, survenue seulement au mois de février 1883, il était âgé de 15 ans, et pendant l'absence de sa mère, une bonne fidèle, dévouée, s'est attachée à la maison. Au régiment, grâce à son intelligence et à son instruction, il avait été choisi par le major comme secrétaire, jouissant, à ce titre, de facilités et d'avantages exceptionnels. Il devait, en peu de temps, passer au grade de sous-officier et ses chefs lui faisaient entrevoir, dans un avenir prochain, l'épau-lette de sous-lieutenant. Que lui manquait-il donc? Sa carrière était honorable, facile, largement ouverte. Dans sa condition sociale, c'était un privilégié.

Dira-t-on que la mère de l'accusé a été pour lui d'un exemple funeste? Cette allégation serait sans portée dans la cause actuelle. La mère de l'accusé, condamnée pour banqueroute frauduleuse par la Cour d'assises du Mor-bihan, a été libérée au mois d'octobre 1884. Deux ans

après, exactement au mois d'octobre 1886, l'accusé s'est
engagé. Pendant cet intervalle de temps, la conduite de
la mère paraît avoir été irréprochable : la première condamnation pour vol date du 7 janvier 1888. On ne peut
donc raisonnablement soutenir que le mauvais exemple
a exercé une influence décisive. L'accusé intelligent,
instruit, a la notion bien nette du juste et de l'injuste.
Sa conscience l'a certainement averti. C'est de propos
délibéré, de sang-froid, avec lucidité d'esprit, par une
lente préméditation qu'il a combiné et consommé le
crime !

Je n'aperçois donc au crime ni excuse ni cause d'atténuation. J'aurais cependant bien voulu en trouver, car
me voilà contraint, par la volonté inflexible de la loi, de
requérir un verdict sans pitié.

Dans une précédente affaire, j'avais sous une forme
voilée et discrète émis des doutes, formulé des réserves
sur la légitimité de la peine de mort. Mes paroles, qu'on
n'a pas d'ailleurs textuellement reproduites, ont été taxées
d'imprudence. Imprudence? Et pourquoi? S'imaginerait-
on que le Gouvernement de la République, oublieux
des prérogatives de la magistrature, oserait demander
compte à un magistrat de ses conclusions en audience
publique? De quelle autorité notre fonction serait-elle
investie si ceux qui nous écoutent n'avaient la certitude
que le ministère public s'exprime en toute liberté? Qui
ne comprend d'ailleurs que les intérêts supérieurs de
la justice sont indissolublement liés à l'indépendance
absolue du magistrat parlant du haut de son siège?
Non, non, mes paroles n'étaient pas imprudentes; elles
étaient la manifestation, assurément légitime, des hési-

tations d'une conscience que trouble la fragilité des juge-
ments humains et qu'inquiètent les grands problèmes
psychologiques et moraux posés par les penseurs modernes. Mes doutes ne se sont pas dissipés, mes réserves,
je les maintiens.

Mais ce n'est pas à dire que chargé de requérir l'ap-
plication des lois, je vais faillir à mon devoir. S'il en est
parmi vous, messieurs les Jurés, dont les sentiments
personnels soient conformes aux miens, je vous adjure
de les refouler. Ainsi le veut la loi. Inclinons-nous les
uns et les autres, avec déférence et respect : il n'est pas
de sacrifice qui coûte quand il est commandé par l'obéis-
sance à la loi.

Dans la cause actuelle, toute défaillance serait sans
excuse. Sans cette circonstance particulière, exceptionnelle qu'il était en permission régulière, le caporal Géomay aurait comparu devant un conseil de guerre et déjà
subi la suprême expiation. Pour un manquement grave à
la discipline, pour une simple voie de fait envers son
supérieur, un militaire est passé par les armes. Aujourd'hui la question est plus haute. Il s'agit de l'honneur de l'armée. Que penseraient de votre juridiction les
chefs de l'armée si votre verdict osait proclamer qu'un
soldat, vêtu de l'uniforme, a pu, pour le plus vil mobile,
assassiner une femme, et qu'un tel crime ne vous a pas
paru comporter le dernier châtiment? Vos prédécesseurs
n'ont pas hésité à condamner sans pitié le jeune soldat
Cornu, le jeune soldat Schumaker. N'hésitez pas davantage. Alors surtout que le devoir est douloureux, le magistrat l'accomplit résolument et avec fermeté.

CRIME D'AUTEUIL

(Assassinat et vol)

CRIME D'AUTEUIL

(Assassinat et vol)

—◦∞◦—

NOTICE

———

Le 19 mars 1889, quatre malfaiteurs pénètrent, à l'aide
d'escalade et d'effraction, dans une villa, en apparence
inhabitée, sise à Auteuil (Seine). Au premier étage, dans
le vestibule, un jeune jardinier, Bourdon, préposé à la
garde de la villa pendant la nuit, était couché. Trois des
malfaiteurs se précipitent sur lui, le bâillonnent et le
tuent en quelques instants. La maison parcourue de bas en
haut, tous les meubles vidés, les malfaiteurs s'enfuient,
emportant les objets volés. Une ronde d'agents tente de
les arrêter sur la route. Un seul, Alorto, est pris. Dans
la lutte, un coup de feu est tiré sur un agent. Déférés à la
Cour d'assises de la Seine, Alorto, Sellier, Mécrant,
reconnus coupables d'assassinat et de vol, Catelain reconnu coupable de vol et de tentative de meurtre sur la
personne d'un agent de la force publique, sont condamnés,
par arrêt en date du 29 juin, les trois premiers à la peine
de mort, Catelain, à la peine des travaux forcés à per-

pétuité. Mécrant bénéficia d'une commutation de peine. Alorto et Sellier furent exécutés à Paris le 17 août.

Avocats : MM^{es} Léon pour Alorto, Decori pour Sellier, Alpy pour Mécrant, Leredu pour Catelain.

Présidence de M. le conseiller Edmond Caze.

RÉQUISITOIRE.

MESSIEURS LES JURÉS,

Malgré l'atrocité du crime, je ne puis dominer un profond sentiment de tristesse. Il m'en coûte beaucoup de requérir, même de par la volonté impérieuse, souveraine de la loi, une triple condamnation capitale. Les accusés Alorto, Sellier, Mécrant sont jeunes encore, Mécrant est presque un enfant. Leur condition sociale les aidait à se bien comporter dans la vie, à devenir des citoyens utiles. Chacun a une famille, son père, sa mère. Infortunés parents! L'infamie d'une exécution capitale rejaillira sur eux.

Mais ce cri de commisération douloureuse à peine échappé au cœur de l'homme, le magistrat se ressaisit aussitôt. Ce crime horrible exige une répression impitoyable, publique, exemplaire. Depuis quelques années, l'audace des malfaiteurs est vraiment impudente! En guerre ouverte avec la société, organisés pour le vol et l'assassinat, ils font fi de la vie humaine. Faut-il donc que la Société se décourage, qu'elle abdique son droit de défense et de préservation? Non! Qu'elle tienne ferme au contraire, qu'elle intimide par un châtiment implacable; dans cette lutte inégale, si les magistrats savent ne pas faiblir, les malfaiteurs seront vaincus.

Qu'importe la jeunesse des accusés? Qu'importe leur famille? Il était jeune et plein de vie le malheureux Bourdon qu'ils ont frappé sans pitié. C'était un travailleur honnête, un fils aimant, dévoué, seul soutien, dernière consolation de sa mère. Informée de l'assassinat, la mère accourt à Paris. Le juge d'intruction, par un sentiment de délicatesse et d'humanité qu'il convient d'approuver, l'engage à ne pas insister pour voir le cadavre. « Mais du moins, dit-elle, qu'on me montre l'assassin de mon fils. » Les accusés sont confrontés. Sellier avoue avoir porté deux coups. Qui, d'Alorto ou de Sellier, a porté le troisième? Une discussion s'engage. « Ah! j'entends, s'écrie la malheureuse mère. Oh les misérables! Mais tout cela ne me remet pas de mon malheur! Qui me rendra mon enfant? »

Oui, les misérables! ils avaient tué froidement, avec la férocité de la bête fauve. Sont-ils des êtres inconscients? Une sorte de fatalité originelle les prédestinait-elle au crime? je voudrais le penser. Parfois dans notre société d'une organisation encore imparfaite, des enfants jetés sur le pavé des rues, abandonnés sans guide, sans direction sont en quelque sorte enveloppés, saisis par le mal dès leur plus jeune âge : le sens moral, la notion du juste dorment en léthargie. Ces déshérités de la vie qui glissent au vice et au crime sur une voie tracée d'avance, ont droit à l'indulgence du juge. Mais, parmi les accusés, il n'en est pas un seul que son origine, que les conditions

de sa famille aient voué à l'inconduite et au mal. Alorto !
Ses parents sont des propriétaires-agriculteurs d'un petit
village d'Italie. Deux de ses frères sont établis dans le
pays. Que n'est-il demeuré auprès d'eux, goûtant la vie
calme et heureuse des champs ! Sellier, lui aussi, est fils
de cultivateurs. Ceux-ci habitent Aubervilliers. « Dans
ma jeunesse, dit-il à l'instruction, j'ai été élevé surtout
par mon père. Il était fort instruit. J'ai appris beaucoup
plus avec lui que dans les diverses écoles où j'ai pu passer. » Mécrant ! Son père et sa mère se sont imposés pour
lui les plus lourds et d'incessants sacrifices. Pension,
lycée, école municipale Colbert, apprentissage dans diverses maisons de commerce, tout a été tenté. « Ce n'est pas,
dit son père, ni la morale, ni les bons principes qui lui
ont manqué. J'ai fait tout ce qu'il était possible de faire. »
A son tour, Mécrant s'est ainsi exprimé : « Je n'ai
jamais eu que bons exemples sous les yeux ; je ne les ai
pas suivis comme tous ceux qui tournent mal. Je n'ai
rien à reprocher à mes parents qui ont toujours été bons
pour moi. J'aurais été heureux si j'avais voulu. Mes parents m'entretenaient et me donnaient de quoi m'amuser
gentiment. Mon père est juste, mais sévère. » Catelain !
Il a encore sa mère, deux sœurs. Aucun d'eux, malgré
des fautes réitérées, n'avait lassé l'affection paternelle.
Chacun pouvait rentrer sous le toit de la famille, y trouver
abri, aide, encouragement. Que sont-ils devenus ? Ré-
fractaires au travail, vagabonds, rodeurs de barrières,
chefs de bande, errant sous de faux noms dans des garnis
interlopes, disputant aux filles du trottoir le produit de la
prostitution, êtres vils et abjects, ils sont tombés au fond
de l'égout social.

Paresse, débauche, vol, ces trois forces du mal ont une résultante, le meurtre, l'assassinat. Tentative de meurtre, assassinat, chacun de ces crimes a été commis à Auteuil dans la matinée du lundi 19 mars : tentative de meurtre sur la personne du gardien de la paix Laplanche, assassinat sur la personne de Bourdon.

I. *Tentative de meurtre.*

Négligeant l'ordre chronologique des faits, je porterai mes obervations tout d'abord sur la tentative de meurtre. L'auteur de cette tentative, c'est assurément Catelain.

L'assassinat accompli, la maison dévastée, les accusés s'en vont, chacun emportant un paquet d'objets volés. Au boulevard Excelmans une ronde d'agents leur barre la route. Alorto est pris, Sellier, Mécrant, Catelain s'échappent.

L'agent Laplanche essuie deux coups de feu tirés à bout portant : la pèlerine du capuchon, la capotte et la tunique sont traversées.

Ce double coup de feu ne provient pas de l'un des agents. D'après la dimension des trous constatés à la pèlerine du capuchon, à la capote, à la tunique, le révolver était de proportions inférieures à celles d'un révolver d'ordonnance des gardiens de la paix. D'autre part, l'agent déclare qu'il a tiré en l'air, pour intimider les malfaiteurs.

Le double coup de feu reçu par l'agent Laplanche ne peut donc être attribué qu'à l'un des accusés. Lequel? Catelain.

C'est avec Catelain que l'agent Laplanche a été en lutte.

« Je le reconnais formellement, a-t-il dit ; le doute n'est pas possible. Même taille, même silhouette. C'est bien le même homme ». Ce témoin, il est vrai, paraît avoir, dans le cours de l'instruction, varié sur la couleur de la moustache. Mais qu'importe? La lutte a été rapide, il faisait nuit : du moins les premières clartés du jour étaient confuses, vaporeuses. Que peut-on distinguer dans un intervalle de temps assez court, quand une demi-obscurité confond toutes choses? Les traits du visage, la couleur de la barbe et des cheveux? Non, sans doute. Ce qui se détache, c'est la taille, l'ensemble du corps, la silhouette. Il est question, dans l'instruction, de pardessus tombés pendant la lutte entre les agents et les malfaiteurs. Quelles que soient les données de l'instruction à cet égard, données incertaines d'ailleurs, elles n'intéressent pas le débat, Catelain n'étant pas reconnu à son costume, au pardessus qu'il portait.

La déclaration, si formelle, de l'agent Laplanche serait confirmée au besoin par celle de son collègue Leclerc. « C'est bien Catelain, a-t-il dit, qui a tiré les coups de révolver. Je l'affirme, il n'y a pas à s'y tromper. Je le reconnais formellement ». « Comment pouvez-vous être aussi affirmatif, » demande M. le président. « J'ai vu venir Catelain ; il marchait nonchalamment, avec une sorte de balancement que j'ai fort bien remarqué. Je l'ai même tenu un instant, de la main gauche, au bras. C'est bien lui, je le répète sans la moindre hésitation. »

Voilà la preuve directe, assurément décisive. Une sorte de preuve indirecte, la preuve par élimination, vient surabondamment à l'appui de l'accusation. Catelain est le coupable par ce motif que les coups de feu n'ont pu être tirés par aucun de ses coaccusés. C'est lui, parce que ce ne peut être un autre. En effet, Alorto est tenu des deux mains. Vainement il tente des efforts désespérés pour se dégager, pour saisir son couteau. Les agents ne l'ont pas lâché un seul instant. Quant à Sellier et à Mécrant, ils ont eu à faire avec l'agent Delrieu : c'est lui qui l'affirme. En outre, l'agent Péquignol déclare qu'il a vu Sellier et Mécrant prendre la fuite, et il ajoute ce détail bien significatif : « C'est seulement après que Sellier et Mécrant se sont enfuis que j'ai entendu deux coups de feu. Me retournant aussitôt, j'aperçois mon collègue Laplanche par terre et je me précipite à la poursuite de Catelain. »

A moins de suspecter de parti pris la déposition des agents, il faut admettre comme certaine la culpabilité de Catelain. En conséquence, je maintiens l'accusation de tentative de meurtre sur la personne d'un agent de la force publique dans l'exercice de ses fonctions. La peine encourue, c'est la mort. Mais vous estimerez sans doute, conformément d'ailleurs au sentiment du ministère public, que la tentative ayant manqué son effet, les circonstances atténuantes sont acquises à Catelain.

II. *Assassinat.*

La scène de l'assassinat a été suffisamment décrite. Il convient de n'en rappeler que les parties principales, afin de déterminer exactement le rôle joué par chacun des accusés.

Catelain se tient à distance, près de la porte d'entrée du vestibule. Il voit, il entend, mais il ne concourt pas effectivement à l'exécution du crime : aucun acte, aucun fait positif ne lui est imputé. En conséquence, il échappe à la prévention d'assassinat.

Alorto, Sellier, Mécrant, voilà les auteurs de l'assassinat. Leurs agissements ont été la cause directe, efficiente de la mort de Bourdon. Tous trois entourent le lit, Alorto à la tête, Sellier et Mécrant sur le côté droit. Mécrant promène la lanterne sur le lit, guide en quelque sorte Alorto, Sellier, leur montre ou tout au moins les aide à distinguer nettement la place qu'occupe Bourdon, l'endroit où il faut frapper. Alorto bâillonne, immobilise la victime, enroule le cache-nez autour du cou et tente la strangulation ; Sellier frappe à coups de couteau. Assurément les rôles sont bien répartis, bien tenus.

Faut-il attribuer à Mécrant ce sinistre propos? « F...-lui un coup de jacques[1], c'est le même prix. » Ce propos paraît vraisemblable si l'on se rappelle que Mécrant avait apporté la pince-monseigneur, objet en fer et lourd qui peut servir à double fin, soulever les portes, assommer les personnes. A-t-il paralysé les mouvements de Bourdon en maintenant la jambe droite? Alorto l'affirme, et il n'a aucun intérêt, semble-t-il, à imputer faussement à Mécrant un propos ou un acte. Mais peu importe, les aveux de Mécrant me suffisent. Dans le cours de l'instruction, à l'audience, il a constamment reconnu qu'il tenait la lanterne à la main. Il faisait nuit sombre dans la pièce. Sans l'éclairage par la lanterne, Alorto et Sellier auraient hésité, tâtonné. Peut-être même Bourdon aurait-il pu s'échapper! Mais les rayons lumineux, convergeant sur un

---

[1] Pince-monseigneur, en argot.

seul point de cette chambre obscure, fascinaient en quelque sorte les meurtriers. Là est l'homme, c'est là qu'il faut frapper ! Aussi est-ce aux parties vitales, le cou, l'abdomen, le cœur que les meurtriers sont allés tout droit, sans hésitation ; pas de temps perdu en recherches, pas un effort inutile, pas une plaie qui n'ait été ou pu être mortelle. La lame du couteau ne s'est pas égarée. Voilà votre œuvre, Mécrant !

La Chambre des mises en accusation a considéré Mécrant comme coauteur du crime d'assassinat. Cette qualification est rigoureusement exacte en fait et en droit. Si cependant quelques-uns d'entre vous, messieurs les Jurés, peu familiarisés avec la terminologie criminelle, estiment que Mécrant n'est en réalité qu'un complice par aide ou assistance, cette divergence d'opinion ne doit exercer aucune influence sur le verdict, la peine applicable au complice étant identique à celle qui frappe l'auteur principal.

Les trois coups à l'abdomen, à la gorge, au cœur, qui les a portés ? Sellier et Sellier seul. Il l'a reconnu, ses aveux sont formels, réitérés et il les a produits dans des circonstances de fait différentes. Tout d'abord, aveux dans le cours de l'instruction. Ces aveux ont-ils été arrachés ? Sellier a-t-il cédé à un accès de colère, lassé par l'insistance du juge d'instruction, pour en finir avec des questions embarrassantes ? Assurément non. Sellier a parlé spontanément, sans contrainte. Voici les termes du procès-verbal, dressé à la date du 22 mars, par M. le juge d'instruction Guillot.

« Nous allons vous soumettre à une épreuve, dit M. le juge d'instruction à Alorto. La mère de la victime vient d'arriver à Paris. Elle désire connaître le nom de celui qui a frappé son fils. C'est vous qui allez le lui dire. »

Confrontation avec la mère de la victime, la veuve Bourdon.

Veuve Bourdon. — « Je vous en prie, qu'il dise quel est celui qui a assassiné mon pauvre enfant. »

Alorto. — « Je l'ai dit, c'est le manchot (Sellier). Moi, je voulais seulement faire parler votre fils pour qu'il nous dise où était l'argent. C'est le manchot (Sellier) qui l'a tué. Je croyais qu'il n'y avait personne dans la maison. »

Veuve Bourdon. — « Quels étaient les autres qui étaient avec vous? »

Alorto. — « C'étaient Catelain et le fils du bijoutier (Mécrant). »

Veuve Bourdon. — « Les misérables! Vous avez été le trouver dans son lit! »

Sellier est introduit.

Sellier. — « Je n'y étais pas. »

Alorto. — « Tu sais bien que tu y étais. »

Sellier. — Eh bien, oui! j'y étais. J'ai donnné deux coups de couteau avec le couteau d'Alorto. »

Veuve Bourdon. — « Oh oui! j'entends. Ah les misérables! »

Sellier. — « Toi, tu as donné le troisième coup de couteau avec ton couteau que je t'avais rendu, et tu l'as étranglé avec ma cravate. »

Alorto. — « C'est faux. »

Sellier. — « Allons donc! Tu as dit devant Catelain et le fils du bijoutier (Mécrant) : il est déjà mort. »

Alorto. — « J'ai dit, ne le frappez pas, il est déjà tout vert, il va dire où est l'argent. »

Sellier. — « Je te dis que tu as donné un coup de couteau. »

Alorto. — « Non. Je l'ai simplement bâillonné. »

La veuve Bourdon se retire et les accusés sont amenés à la morgue devant le cadavre exposé tout habillé. Le drap qui le recouvre est soulevé et le docteur indique les blessures. Le procès-verbal du juge d'instruction continue en ces termes.

« Sellier s'approche du cadavre et montrant du doigt la blessure du ventre et celle du cou, il dit : « c'est là que je l'ai frappé, Alorto l'a frappé au cœur. »

Alorto (d'une voix irritée). — « C'est faux, absolument faux ; ma tête à couper, c'est faux. »

Sellier. — « Si, c'est toi. Je l'avais d'abord frappé dans le ventre et dans le cou, tu es redescendu et tu l'as frappé au cœur. »

Alorto. — « C'est faux. Dis donc la vérité, mon vieux ; moi, je dis ce qui est. Je l'ai maintenu par derrière en lui mettant la main sur la bouche, mais je ne l'ai pas frappé. »

Catelain. — « Je ne suis pour rien dans tout cela. »

Mécrant. — « Moi non plus, je ne connais rien à cette affaire. »

Alorto. — « Voyons ! Dis donc la vérité, tu sais bien que tu voulais lui f... un coup de jacques. »

Sellier. — « Moi, si j'avais été arrêté, j'aurais pris tout sur moi ; je me serais fait faucher mais au moins vous auriez été parés. »

Tels sont les aveux de Sellier au cours de l'instruction. Sellier reconnaît tout au moins qu'il a frappé du couteau à deux reprises à l'abdomen, au cou, et nous savons, par la déposition du docteur, que la blessure à l'abdomen aurait nécessairement entraîné une péritonite mortelle si le coup au cœur n'avait occasionné la mort instantanément.

Quelques jours après, des aveux plus complets sont recueillis par le témoin Girard, alors détenu. Entendant Sellier marcher avec agitation dans sa cellule : « Qu'y a-t-il donc? » lui a-t-il demandé. « Il y a, répond Sellier, que dans cinq mois ma tête sautera. Je suis l'assassin d'Auteuil. » « Je lui ai dit alors, » ajoute ce témoin : « Vous auriez dû vous contenter de voler, vous n'aviez pas besoin de tuer. » Sellier a repris : « Ah! quand on est soûl! J'ai donné trois coups de couteau, le dernier au cœur. Je veux bien en reconnaître deux, mais le dernier, je veux le laisser à Alorto. Il a parlé, il faut qu'il m'accompagne. »

Qu'importe, dès lors, que Sellier ait rétracté à la fin de l'instruction et persiste à rétracter à cette audience des aveux réitérés, décisifs? Il n'est pas une personne raisonnable qui puisse accepter comme exacte, comme vraisemblable même, cette allégation qu'il produit : pour s'acquitter d'une dette de reconnaissance envers Alorto, il aurait tenté de sauver ce dernier; il aurait, comme il dit dans son langage expressif, « pris les coups pour lui. » Mais conçoit-on un service tellement important qu'il vaille le sacrifice de la vie? Conçoit-on, surtout dans ce milieu de bandits, une telle élévation d'âme, une telle abnégation qu'un innocent aille sciemment à la mort pour tenter de sauver un coupable? « Comment voulez-vous, dit Mécrant dans l'instruction, que Sellier s'accuse d'une chose qu'il n'aurait pas faite? C'est comme si moi j'avais dit : « je prendrai le coup sur moi. » Qui donc se charge-

rait d'une chose semblable et mettrait sa tête à prix pour·
sauver celle d'un autre? Cela n'existe pas. J'ai entendu
Sellier dire à Alorto, à la morgue : si je monte à la butte,
tu y monteras aussi. »

Tenons donc pour certain que les coups de couteau sont
le fait de Sellier. Il est même rationnellement impossible
d'imputer à Alorto le troisième et dernier coup, le coup
au cœur. Sellier penché, accroupi sur le lit, appuie son
moignon, frappe avec rage. Il n'a lâché le poignard qu'a-
près le coup mortel : c'est alors seulement que la surexcitation de la bête est tombée. D'ailleurs, Alorto n'aurait
pu bâillonner la victime, tenter de l'étrangler à l'aide
d'un cache-nez et tenir en même temps un poignard.
C'est donc Sellier seul qui a poignardé.

Alorto a tenté d'étrangler. Placé à la tête du lit, derrière la victime, il roule le cache-nez autour du cou et
serre de toutes ses forces; il appuie la main sur la
bouche. La victime, tête renversée, gorge tendue, ne
peut ni crier, ni bouger, la respiration même est sus-
pendue. « Je ne voulais pas tuer, » dit Alorto. Allons
donc! la pression sur la bouche était tellement énergique,
que l'on constate au nez, aux lèvres, au menton des
écorchures, des coups d'ongle, des contusions; la ligature était tellement serrée qu'elle a formé trois sillons au
cou et que, de l'aveu d'Alorto lui-même, pour détacher
le cache-nez, il a fallu le couper. Sans doute la mort
instantanée, foudroyante, est due au coup de poignard
porté au cœur par Sellier, mais si ce coup mortel eût
tardé d'une minute ou de deux minutes tout au plus,
Bourdon succombait à l'asphyxie. A cet égard, les déclarations du médecin commis par la justice sont déci-

sives. Je lis dans le rapport écrit. « Les marques de coups d'ongle siégeant au pourtour du nez et de la bouche, les déchirures de la lèvre inférieure coupée par la pression des dents de la mâchoire supérieure, les sillons rougeâtres de la partie antérieure et des côtés du cou d'une part, de l'autre, l'ecchymose prévertébrale correspondant au bord gauche du cartilage tyroïde, la congestion de la muqueuse trachéo-laryngée, et la présence d'écume dorée à sa surface, enfin la congestion méningo-encéphalique attestent, de la façon la plus manifeste, des tentatives énergiques et combinées de suffocation par l'occlusion, avec les mains, des orifices respiratoires et de strangulation, à l'aide d'un lien, lesquelles, sans le brusque dénouement produit par la plaie du cœur, auraient certainement, en se prolongeant de bien peu, déterminé l'asphyxie. » A l'audience, le médecin légiste a développé les données de son rapport écrit et formulé des conclusions identiques. Je me borne à reproduire, textuellement d'ailleurs, les dernières paroles qu'il a prononcées : « Si la constriction par la ligature du cache-nez ou l'occlusion par les mains avait duré une minute ou deux, Bourdon serait mort étranglé. »

En résumé, la mort peut être attribuée, en réalité, à une double cause, le poignard, l'asphyxie. Le poignard était aux mains de Sellier. Si Sellier n'avait pas frappé, si même le coup de poignard au cœur avait été différé d'un instant, la mort survenait par asphyxie. La strangulation, l'occlusion des voies respiratoires sont l'œuvre d'Alorto.

Y a-t-il d'ailleurs intérêt pour le ministère public à déterminer avec précision la participation de chacun à l'assassinat? Mécrant éclaire, Sellier frappe du couteau, Alorto attache la victime aux barreaux du lit et l'étrangle. Qu'importe cette répartition? Le drame a trois acteurs, Mécrant, Alorto, Sellier, mais le dénouement est unique, la mort de Bourdon. Chacun des trois acteurs concourt au dénouement; l'assassinat est l'œuvre commune, collective des trois accusés Mécrant, Alorto, Sellier.

Je dis assassinat, intentionnellement. L'assassinat c'est l'homicide volontaire, le meurtre commis avec préméditation. Dans la cause, la préméditation apparaît sous des aspects divers. Tout d'abord je relève une sorte de préméditation lointaine, bien antérieure à l'exécution du crime. Des témoignages, des aveux mêmes des accusés il résulte que ceux-ci, avant de partir vers minuit pour Auteuil, se sont munis d'un outillage complet. Mécrant s'est procuré la lanterne sourde et la pince-monseigneur; Alorto porte son couteau, à lame fine et affilée, solidement emmanchée; Alorto et Sellier sont allés de concert chercher le révolver[1]. C'est donc un vol à main armée qu'on prépare. Mais le voleur à main armée est en quelque sorte en état permanent de préméditation de meurtre, il s'est armé en prévision de la lutte. Les accusés savaient-ils que la villa était gardée pendant la nuit? Avaient-ils résolu à l'avance la mort du gardien? J'en doute, mais la préméditation existe au point de vue pénal bien qu'elle n'ait pas pour objet un individu déterminé, il suffit du dessein de tuer conçu à l'avance. « La préméditation consiste, porte l'article 297 du Code pénal, dans le dessein formé avant l'action d'attenter à la personne d'un individu

---

[1] Catelain avait fourni les fausses clés.

déterminé ou même de celui qui sera trouvé ou rencontré. »

Indépendamment de cette préméditation générale, inhérente au vol à main armée, apparaît une préméditation spéciale, qui a trait directement à la mort de Bourdon. Mécrant heurte contre le lit. « Quelqu'un est là, » crie-t-il aussitôt. Un mouvement de recul se produit. On s'assemble. On délibère. Il y a, selon l'expression même de l'un des accusés, « un moment de pause. » Prenons l'hypothèse la plus favorable, celle que proposent les accusés. « Nous ne voulions, disent-ils, que le faire chanter, nous voulions obtenir de lui l'indication des cachettes où étaient enfermés l'argent et les bijoux. » Soit! Mais la mort de Bourdon n'en était pas moins implicitement, nécessairement résolue. Refusait-il d'obtempérer aux sommations, aux menaces, on le tuait. Cédait-il, on le tuait encore. Ne fallait-il pas supprimer un témoin, l'unique témoin du vol, et s'assurer ainsi l'impunité?

En réalité, la mort à été concertée, décidée en commun. La discussion n'a porté que sur les moyens et sur l'heure. Bourdon serait-il assommé, étranglé, poignardé? Tenterait-on d'obtenir de lui des indications utiles? Le frapperait-on tout de suite? Vous avez assurément, messieurs les Jurés, remarqué cette particularité de fait caractéristique : le cache-nez de Sellier était aux mains d'Alorto, le couteau d'Alorto était aux mains de Sellier. Comment comprendre cet échange sans un colloque, sans une délibération préalables? « Mécrant viens éclairer; Alorto prends mon cache-nez; Sellier, voilà mon couteau. » Il y a donc eu temps d'arrêt, accord, répartition des rôles, distribution des armes. La préméditation est évidente.

L'assassinat paraît n'avoir été, pour les accusés, qu'une sorte d'intermède. Avec un calme imperturbable, sans perte de temps, ils reprennent l'œuvre du vol que l'assassinat avait interrompue. Chaque pièce de la maison est l'objet d'une visite attentive, minutieuse. Les meubles sont fracturés. On fait choix des objets qu'il conviendra d'emporter. On empaquette. C'est une sorte de déménagement en règle qui s'opère. Le jour arrive, il faut fuir. Mais au préalable, chacun passe près du lit de Bourdon et s'assure au toucher que le cadavre est froid.

Quelques instants après, boulevard Excelmans, Alorto est pris par les agents. Il nie et l'assassinat et le vol, et développe un récit de tous points fantaisiste. Le soir, il termine ainsi son premier interrogatoire : « Je commence à en avoir assez de tout cela, je voudrais qu'on me donnât à manger à ma suffisance. » Les autres accusés échappent. Voici l'emploi de leur temps. Catelain va chez la fille Richard, sa maîtresse. Celle-ci ayant lu *le Petit Journal* : « Tiens, dit-elle, il y a eu un assassinat à Auteuil. Catelain n'a fait aucune réflexion. J'étais vraiment bien loin de penser qu'il était de cette affaire-là. Le soir nous sommes allés voir jouer *la Reine Margot* au théâtre de Belleville. » Mécrant, le matin, vers onze heures, déjeune, selon son habitude, chez le marchand de vin, et celui-ci raconte que Mécrant était très calme, qu'il est revenu le soir et s'est endormi pendant deux heures sur la table. Sellier se rend chez sa mère. « Le mardi matin, dit-elle, après avoir découché, mon fils est arrivé vers neuf heures. Je lui ai demandé : Comment se fait-il que tu ne sois pas rentré. Il m'a répondu : J'ai été m'amuser et j'ai couché chez un camarade. »

Voici maintenant l'interrogatoire définitif de Sellier.

M. le juge d'instruction Guillot. — « Le **22** mars, à la morgue, vous avez déclaré : « Eh bien, oui, j'y étais ; j'ai donné deux coups avec le couteau d'Alorto. » Le lendemain vous écriviez à vos parents : « Ce n'est pas moi qui ai frappé la victime : si j'ai avoué avoir donné deux coups de couteau, c'était la promesse que j'avais faite à Alorto de prendre la moitié à mes risques et périls, » et alors vous avez imaginé cette histoire ridicule d'une convention faite avec vos complices pour vous faire passer pour l'assassin alors que tous les coups auraient été portés par Alorto. Les constatations médicales, les preuves recueillies par l'instruction démontrent que vous avez au moins donné deux coups de couteau. »

L'accusé fait semblant de dormir et il est impossible d'en obtenir aucune réponse.

M. le juge d'instruction. — « Dans votre monde on peut tout faire, on peut assassiner, on peut voler, tout cela est chose naturelle ; mais le grand crime c'est de faire des aveux, et c'est parce que Alorto a parlé que vous voulez vous venger de lui et assurer, par un motif de plus, sa condamnation à mort comme si les faits qu'il avoue n'étaient pas déjà suffisants. »

Pas de réponse.

M. le juge d'instruction. — « Vous avez agi avec préméditation, car c'est vous qui avez été, avec Alorto, emprunter un révolver. »

Pas de réponse.

M. le juge d'instruction. — « Avec Alorto et Mécrant vous vous êtes précipités comme des bêtes fauves sur un homme à moitié endormi. Vous l'avez frappé pendant que l'autre l'étranglait. Il s'est passé là une scène d'une sauvagerie incroyable, et il faut qu'il n'y ait plus dans votre cœur le moindre sentiment humain pour que vous gardiez encore à ce moment l'attitude que vous avez, pleine de dureté et d'insolence. »

Cruels, indifférents et cyniques, tels sont les accusés. Même à cette audience, malgré les émotions que provoque un débat public, solennel, ils ne manifestent aucun regret, ne laissent pas tomber une larme. Ils s'expriment sans trouble, avec désinvolture, ils disent volontiers, tout naturellement, parlant de l'assassinat et du vol : « Cette affaire, ce travail. »

Cette insensibilité bestiale doit-elle exaspérer le juge et l'inciter à une répression implacable? Ou bien, cette insensibilité même serait-elle une sorte d'excuse pour les accusés, une atténuation au crime? Faut-il accepter comme vraie cette doctrine moderne qui nie le libre arbitre? Un grand poète contemporain, Leconte de Lisle, la formule en ce vers magnifique, apostrophe de Caïn à Abel :

L'iniquité divine est ton seul assassin[1].

Le malfaiteur, le criminel, voué en quelque sorte au mal, accomplit sans discernement un acte qu'une volonté supérieure, irrésistible lui commande. Jouet des forces de la nature, de sa constitution physique, de l'hérédité, du milieu social, il va comme un aveugle et frappe inconsciemment. Non. L'irresponsabilité n'est pas la thèse

---

[1] *Poèmes barbares* (édition Lemerre), Caïn.

générale : ce n'est qu'à titre exceptionnel que l'on peut l'admettre. Sur quelle base reposerait donc la justice pénale? Sur un système de préservation sociale? La société, en état de défense, ne connaîtrait d'autre loi que celle du débarras; elle userait de la force contre des malheureux non responsables, inconscients, mais nuisibles. Ainsi considérée, la répression serait odieuse. Mais qui pourrait sérieusement contester que la conscience ne soit un guide fidèle et sûr? Qui donc oserait soutenir que les accusés, préméditant leur forfait, l'exécutant de sang-froid, n'ont pas eu la vision du crime et du châtiment? Y a-t-il du moins dans leur constitution physique quelque particularité inquiétante? Spécialement commis par le juge d'instruction, le docteur s'est livré à un examen attentif et son rapport ne constate chez aucun des accusés « ni infirmité, ni symptôme d'affection pulmonaire ou cardiaque, ni tare constitutionnelle. » Ainsi, intelligents, instruits, élevés dans un milieu moral, exempts de toute prédisposition héréditaire, les accusés sont allés au crime librement, sciemment, avec la notion nette du mal, au mépris du châtiment redoutable qu'ils ont entrevu. Votre conscience et la mienne sont rassurées, messieurs les Jurés. Que la justice des hommes ait son cours! Je livre les accusés Alorto, Sellier, Mécrant, à la rigueur des lois.

OUTRAGES A DES MAGISTRATS

PAR LA VOIE DE LA PRESSE

Présidence de M. le conseiller Pilet–Desjardins

OUTRAGES A DES MAGISTRATS

PAR LA VOIE DE LA PRESSE

RÉQUISITOIRE[1]

Messieurs les Jurés,

Avant de donner lecture des articles de journal incriminés, il me paraît utile, pour la parfaite intelligence des débats, de rappeler et de préciser quelques faits.

Au cours d'une information ouverte contre la Ligue des patriotes, le Gouvernement de la République, ému par de graves révélations, résolut de déférer à la juridiction compétente, la Haute-Cour de justice, le général Boulanger et autres sous l'inculpation d'attentat et de complot. L'action publique appartenait au procureur général près la Cour d'appel de Paris. C'est à ce magistrat qu'il incombait d'adresser à la Chambre des députés une demande en autorisation de poursuites. L'attitude de ce fonctionnaire ayant paru hésitante, le Gouvernement crut devoir

(1) Audience du 11 juillet 1889.

le révoquer. En conséquence, à la date du premier avril 1889, un décret du Président de la République, rendu sur le rapport du Garde des sceaux, ministre de la Justice, nomma M. Quesnay de Beaurepaire, avocat général près la Cour d'appel de Paris, procureur général près la même Cour en remplacement de M. Bouchez.

Le nouveau procureur général, M. Quesnay de Beaurepaire, était tout particulièrement désigné à M. le Garde des sceaux par l'ancienneté de ses services (ses débuts dans la magistrature remontent à l'année 1862), son âge (54 ans), sa situation hiérarchique (doyen en quelque sorte des avocats généraux près la Cour d'appel de Paris et précédemment procureur général près la Cour d'appel de Rennes), l'éclat de son talent, la loyauté de son caractère, la notoriété de son nom. Dans la magistrature, au barreau, dans les lettres, cette nomination fut universellement approuvée.

Après examen du dossier, M. le procureur général Quesnay de Beaurepaire déposa sur le bureau de la Chambre des députés, à la date du 4 avril, une demande en autorisation de poursuites contre le général Boulanger. Cette demande fut aussitôt accueillie.

Toutes les Constitutions politiques, depuis la Constitution de 1791 notamment jusqu'à la Constitution de 1875 qui nous régit, ont prévu l'éventualité de crimes de haute trahison, d'attentats et de complots ayant pour but de changer la forme du Gouvernement. Toutes ont organisé une juridiction supérieure. C'est ainsi que l'article 17 de la loi constitutionnelle du 12 juillet 1875 dispose que « le Sénat peut être constitué en Cour de justice par un décret du Président de la République, rendu en Conseil des ministres, pour juger toute personne prévenue d'attentat commis contre la sûreté de l'État. »

En conformité de cet article de la loi constitutionnelle, le Président de la République rendit, à la date du 8 avril 1889, le décret suivant :

« Le Président de la République française, sur le rapport du Garde des sceaux, ministre de la Justice et des Cultes ;

« Vu la demande en autorisation de poursuites déposée le 4 avril 1889 et la délibération de la Chambre des députés portant la même date ;

« Vu l'article 12, § 3, de la loi constitutionnelle du 16 juillet 1875, le Conseil des ministres entendu,

« Décrète :

« ART. 1er. Le Sénat est constitué en Haute-Cour de justice pour statuer sur les faits d'attentat contre la sûreté de l'État et autres faits connexes relevés à la charge de M. Boulanger, général en retraite et député, et de tous autres que l'instruction aura fait connaître.

« ART. 2. Le procureur général près la Cour d'appel de Paris remplira les fonctions du ministère public près la Haute-Cour, assisté de messieurs Roulier, avocat général, et Duval, substitut du procureur général près la même Cour.

« ART. 3. La Haute-Cour se réunira au Palais du Luxembourg le 12 avril 1889.

« ART. 4. Le Garde des sceaux, ministre de la Justice et des Cultes, est chargé de l'exécution du présent décret.

« Fait à Paris, le 8 avril 1889.

« *Le Président de la République,*

« CARNOT. »

La Haute-Cour de justice se réunit à la date fixée, 12 avril. Le procureur général, M. Quesnay de Beaurepaire, assisté de M. Roulier, avocat général, et de M. Duval, substitut du procureur général, donna lecture du réquisitoire introductif. « Nous requérons qu'il plaise à la Haute-Cour ordonner qu'il soit procédé à l'instruction contre MM. Boulanger, Dillon, de Rochefort et éventuellement contre tous autres impliqués de crime d'attentat contre la sûreté intérieure de l'État et de crimes connexes tels que celui de complot. »

Tels sont les seuls faits qu'il importe de retenir. Une double observation s'en dégage. C'est en sa qualité de procureur général près la Cour d'appel de Paris, dans l'exercice de ses fonctions, accomplissant un acte qui lui incombait comme dépositaire de l'action publique, que M. Quesnay de Baurepaire avait adressé, le 4 avril, à la Chambre des députés, une demande en autorisation de poursuites contre le général Boulanger. D'autre part, c'est en vertu d'une désignation spéciale, résultant d'un décret du Président de la République, rendu en Conseil des ministres, que le procureur général près la Cour d'appel de Paris était chargé des fonctions du ministère public près la Haute-Cour de justice.

Cette désignation du procureur général près la Cour d'appel de Paris comme représentant du ministère public près la Haute-Cour de justice était conforme aux traditions. Le Code d'instruction criminelle ne s'étant pas occupé de l'organisation des juridictions politiques supérieures, il y a lieu, quand une juridiction de cet ordre est appelée à se réunir, de déléguer auprès d'elle un membre du parquet ayant qualité pour accomplir tous les actes qui se rattachent aux attributions du ministère public. Sans doute, le choix peut porter indistinctement sur un procureur général des Cours de province, sur le procureur général près la Cour de cassation ou enfin sur le procureur général près la Cour d'appel de Paris, mais d'ordinaire délégation est donnée au procureur général près la Cour d'appel de Paris. Ainsi, sous la monarchie de Juillet, qui convoqua la Haute-Cour de justice à dix reprises, c'est toujours le procureur général près la Cour d'appel de Paris, Martin (du Nord), Frank-Carré, Hébert, Delangle, qui remplit les fonctions du ministère public. Ainsi encore, pour ne rappeler que les événements les plus récents, c'est le procureur général près la Cour d'appel de Paris (Baroche, M. Grandperret) qui accomplit les actes de poursuite et porta la parole devant la Haute-Cour de justice à Bourges, à Versailles, à Blois, en 1849 et en 1870, à propos de l'attentat du 15 mai 1848, de la tentative d'insurrection du 13 juin 1849 et de l'accusation de meurtre sur la personne de Victor Noir relevée contre le prince Pierre Bonaparte.

Le décret constitutif du ministère public auprès de la Haute-Cour de justice charge MM. Roulier, avocat général, Duval, substitut du procureur général, d'assister le procureur général. Il a toujours été d'usage d'adjoindre au procureur général des collaborateurs. Notons que chacun de ces deux magistrats figurait, au moment du décret, à la fin de la liste des collègues occupant la même situation hiérarchique. On avait pris le moins ancien parmi les avocats généraux, le moins ancien parmi les substituts du procureur général.

Donc, en résumé, la désignation du procureur général

près la Cour d'appel de Paris comme membre du ministère public près la Haute-Cour de justice était conforme aux précédents; la désignation de M. Roulier, avocat général, et de M. Duval, substitut du procureur général, comme collaborateurs de leur chef, était empruntée en quelque sorte au tableau d'ancienneté de ces magistrats. A moins d'apporter ici des préventions et de nier l'évidence, on doit reconnaître que le Gouvernement avait agi avec réserve et circonspection et que le choix des magistrats délégués comme agents du ministère public près la Haute-Cour de justice était manifestement dégagé de toute préoccupation politique.

Au surplus, et cette observation décisive domine tout le débat et met en relief le caractère tout particulièrement grave des outrages et des diffamations, ces magistrats, en déférant à la désignation dont ils étaient l'objet, accomplissaient un devoir professionnel, inhérent à leur fonction, et auquel ils ne pouvaient se soustraire sans donner l'exemple de l'insubordination envers leur chef hiérarchique, le ministre de la Justice, et envers la loi elle-même.

Mais, tel est aujourd'hui l'état de surexcitation malsaine de quelques esprits, si perfide est la déloyauté d'une certaine presse, que des actes accomplis par des magistrats dans l'exercice de leurs fonctions, de par l'autorité de la loi, ont fourni prétexte à des attaques sans merci, d'une violence inouïe, la brutalité du style le disputant à la fausseté, à l'odieux des allégations.

Un homme public, un fonctionnaire doit-il s'émouvoir des attaques de la Presse? Discuter avec les calomniateurs n'est-ce pas, comme l'écrivait Gambetta, perdre son temps sans profit et compromettre sa dignité? Ne vaut-il pas mieux attendre de ses chefs et de l'opinion publique assagie, redevenue maîtresse d'elle-même, une appréciation juste et réparatrice? Chacun résoud dans son for intérieur cette question à son gré et je comprends, pour ma part, les divergences d'opinion.

M. le procureur général Quesnay de Beaurepaire n'a pas cru devoir dédaigner les injures et les diffamations. Placé à la tête d'un grand ressort judiciaire, chargé de fonctions délicates, il veut maintenr son autorité morale intacte, incontestée. Pourrait-il, si quelque soupçon effleurait son honorabilité, imposer le respect, la confiance à tous, collègues, subordonnés, justiciables? Fort de son droit, convaincu de l'impartialité, de la fermeté des corps judiciaires, il appelle ses détracteurs à l'épreuve d'une discussion large, publique. Aux divers représentants de la justice répressive, aux tribunaux correctionnels, juridiction inamovible et permanente, juge du droit, au jury, juridiction passagère, écho de l'opinion, juge du fait, il demande de confondre la calomnie, de proclamer hautement qu'il est un honnête homme, un magistrat probe et libre, digne par son caractère et son passé d'occuper une situation élevée, de commander à tous la déférence et l'estime. Les juges correctionnels ont déjà répondu par des condamnations sévères et fortement motivées; votre verdict, messieurs les Jurés, sera conforme. Ainsi l'autorité judiciaire, par ses deux organes, le Tribunal correctionnel, le Jury, aura donné à M. le procureur général Quesnay de Beaurepaire une juste et complète réparation.

Quatre journaux sont poursuivis, *le Tour de Paris*, *l'Autorité*, *la Cocarde*, *l'Intransigeant*. Le journal *la*

Presse avait été impliqué dans la poursuite, mais le sieur Aubry, assigné comme gérant, prouva qu'à l'époque de la publication des articles injurieux et diffamatoires, il ne remplissait plus les fonctions de gérant. Les articles n'étant pas signés, l'imprimeur devenait responsable, mais le juge d'instruction négligea de le citer. Du reste, il importait peu, en réalité, d'atteindre le journal *la Presse* : les imputations outrageantes et diffamatoires que contient ce journal se retrouvent toutes, en termes analogues, dans les articles des quatre journaux *le Tour de Paris, l'Autorité, la Cocarde, l'Intransigeant*, qui vous sont déférés.

Voici les articles incriminés.

. . . .

. . . .

J'ai fini, et il m'en tardait, cette répugnante lecture. A quel sentiment convient-il de donner libre cours? Haine, mépris, pitié? Certes, on serait en droit de haïr, de mépriser des hommes qui déshonorent leur plume et leur talent, font litière des réputations les mieux établies, dont quelques-uns prélèvent sur la crédulité publique et les instincts mauvais de la foule les frais d'une existence somptueuse. Mais vraiment! c'est la pitié qui l'emporte. Triste métier que celui d'insulteur et de spéculateur au scandale!

Si la qualité des parties plaignantes ne conférait aux débats une importance exceptionnelle, ma tâche serait terminée. Il me suffirait, la diffamation et l'outrage étant manifestes, réitérés, de solliciter de vous un verdict. Mais il convient, semble-t-il, de donner à la discussion quelque ampleur, de tracer le portrait des magistrats victimes de la calomnie et de démontrer, même aux esprits les plus prévenus, intentionnellement hostiles, s'il y en a, que les actes de ces magistrats ont été accomplis en pleine indépendance, avec une irréprochable loyauté et un respect scrupuleux du droit.

Les journaux poursuivis ont pris comme prétexte à leurs attaques la révocation de M. Bouchez, alors procureur général. « M. le procureur général Bouchez a refusé, disent-ils, de prendre l'initiative des poursuites provoquées par le Gouvernement contre le général Boulanger. M. Quesnay de Beaurepaire a eu moins de scrupules; il s'est fait l'homme-lige du Gouvernement pour une entreprise politique. M. le procureur général Bouchez, soucieux de la dignité de la magistrature, n'a pas hésité à sacrifier une haute situation que M. Quesnay de Beaurepaire a sollicitée et occupe comme prix des services qu'attend de lui le Gouvernement. »

Merveilleux retour des choses d'ici-bas! Il y a un an à peine, ces mêmes journaux, à l'occasion de l'affaire Wilson, lançaient un feu roulant d'invectives contre la personne de M. le procureur général Bouchez, on le traînait aux gémonies. La révocation de ce haut fonctionnaire s'imposait, on la sollicitait sans merci. La révocation survient, pour une cause étrangère à l'affaire Wilson, il est vrai, et par une sorte de métamorphose instantanée, comme par un coup de baguette magique, ce même M. Bouchez apparaît drapé à la romaine; sa conscience inflexible ne se plie à aucune compromission. Contradiction saisissante qui suffit à mettre en relief la mauvaise foi des journaux!

A quel ordre de considérations se rattache la révocation de M. le procureur général Bouchez? Chacun comprend qu'une extrême réserve m'est imposée : je ne puis toucher que d'une main légère à cette question délicate. M. Bouchez a été mon chef hiérarchique pendant trois années. Comment, d'ailleurs, en bonne justice, un avocat général, parlant du haut de son siège, pourrait-il produire une affirmation à l'occasion d'événements auxquels il est demeuré complètement étranger, n'ayant pas qualité pour provoquer les explications des personnages qui y furent mêlés? Qui pourrait, sans témérité, dégager au milieu des mobiles souvent multiples et complexes d'une action, la cause impulsive, déterminante? Laissons les hypothèses, ou plutôt prenons même l'hypothèse la plus favorable au fonctionnaire tombé. Mais, du moins, qu'il me soit permis de tracer la conduite qui, dans les circonstances d'alors, convenait aux magistrats du ministère public et, plus particulièrement, au chef du parquet de la Cour d'appel de Paris.

Un général exclu de l'armée pour manquements répétés à la discipline par une décision unanime de ses pairs constitués en conseil régulier d'après les lois organiques militaires, aventurier sans scrupules, fauteur de désordres, semant l'or à pleines mains pour corrompre la foule (cet or, où le prend-il? à quelle source inconnue et suspecte va-t-il donc le puiser?), osait organiser l'émeute, jeter un insolent défi à la représentation nationale, opposer un pouvoir insurrectionnel au Gouvernement légal, sonner la charge pour la guerre civile, appeler l'armée elle-même à l'assaut de la Constitution et des lois! Sur les ruines de nos libertés publiques cet homme se serait dressé, absorbant notre activité, notre énergie, nos droits, décrétant

le silence, jetant comme un lasso à la nation tout entière !
Et il n'existerait ni lois ni tribunaux pour réprimer ces
entreprises factieuses ! Et parmi les détenteurs du pouvoir,
parmi les fonctionnaires à qui la République a confié la
garde de ses institutions, il ne se serait rencontré personne
pour dire à cet aventurier visant à la dictature : « Tu
n'iras pas plus loin ! » Pour moi, qui me suis imposé
comme règle inflexible de ne jamais dissimuler mes sentiments sous des formules équivoques, qui puis jeter au
vent de la discussion la plus haineuse, sans craindre qu'il
les effeuille, le nom de ma famille, ma vie privée, ma vie
publique, toute d'incessant labeur et de dévouement sans
réserve à la cause de la démocratie, républicain par tra-
dition de famille, d'éducation et d'étude, convaincu que
la liberté, sous l'égide de la République, peut seule assurer à un peuple le développement de sa grandeur morale
et l'épanouissement de son génie, j'affirme hautement que
si l'honneur m'était échu de concourir à la répression des
attentats et des complots fomentés contre la sûreté de
l'État, j'aurais mis en mouvement l'action publique contre
le général Boulanger et... sa suite, sans tergiversation,
sans faiblesse, la conscience calme, avec le sentiment du
devoir accompli envers la République, la Liberté, la Patrie et la Loi. Vous pouvez prendre acte de cette déclaration vous tous qui vous vantez de dresser déjà des listes
de proscription.

Quelles sont, en effet, les attributions des magistrats
du ministère public, leurs prérogatives et leurs obligations ? Un vieil adage, respecté de tous temps, les
résume en une formule très nette : parole libre, plume
serve. Parole libre ! A l'audience, le ministère public

jouit d'une indépendance absolue : il ne reçoit et n'accepterait ni injonction, ni conseil; nul n'a autorité sur lui, ses conclusions échappent à tout contrôle. C'est ainsi que parfois le ministère public requiert lui-même, à l'audience correctionnelle ou en Cour d'assises, l'acquittement du prévenu. A l'audience, le représentant du ministère public est un magistrat dans l'acception complète du mot; il est l'homme de la justice et ne relève que de sa conscience. La parole est libre!

Le second terme de la formule, plume serve, indique les devoirs, les obligations des membres du ministère public considérés dans l'exercice des fonctions du Parquet et comme officiers de police judiciaire. En dehors de l'audience, les membres du ministère public sont des agents du Gouvernement, des subordonnés de leur chef hiérarchique, le Garde des sceaux, ministre de la Justice. Ils sont tenus de déférer aux injonctions du Garde des sceaux et d'engager les poursuites prescrites par la Chancellerie. Il leur incombe, de par leur fonction même, de rédiger le réquisitoire introductif d'instance et de le signer. La plume est serve. Sans doute, une fois l'instruction terminée, les débats se déroulant à l'audience, le membre du Parquet reprend sa liberté; maître de ses conclusions, si la prévention ne lui paraît pas suffisamment établie, il l'abandonne, la combat même au besoin mais il n'était pas en son pouvoir de se refuser à ouvrir les poursuites. C'est ce qu'expriment en termes formels l'article 274 du Code d'instruction criminelle et l'article premier, titre VIII, de la loi des 16-24 août 1790. Article 274 du Code d'instruction criminelle : « Le procureur général, soit d'office, *soit par les ordres du ministre de la Justice*, charge le procureur de la République de poursuivre les délits dont il a connaissance. » Loi des 16-24 août 1790, sur l'organisation judiciaire, titre VIII, article premier : « Les officiers du ministère public sont les *agents du pouvoir exécutif* auprès des tribunaux. »

Cette subordination du chef du Parquet envers le ministre de la Justice n'a rien qui doive surprendre. Absolument nécessaire dans un pays bien organisé, elle ne porte aucune atteinte aux garanties auxquelles les citoyens ont droit devant les tribunaux.

Quiconque a égard aux conditions du Gouvernement comprend qu'on ne saurait admettre que le fonctionnaire, à qui appartient l'initiative des poursuites, puisse tenir en suspens l'action du Gouvernement, l'entraver par son inertie ou par sa résistance. Refuser de poursuivre, provoquer un conflit retentissant, n'est-ce pas inquiéter les esprits, exciter la défiance et jeter le discrédit sur l'action judiciaire elle-même frappée, dès son origine, d'une sorte de désaveu de la magistrature ?

Que lui demande-t-on, d'ailleurs, au magistrat du Parquet ? D'affirmer l'existence d'ores et déjà certaine d'un crime ou d'un délit ? de désigner le coupable ou la juridiction ? Non ! Il lui suffit de dire qu'il y a présomption, charges suffisantes. Le réquisitoire signé, transmis au juge d'instruction, une instruction est ouverte. Le Parquet a-t-il autorité sur le juge d'instruction ? Peut-il peser sur les décisions de ce dernier ? Pour répondre, il suffit de rappeler la distinction fondamentale établie par notre législation pénale. Le juge d'instruction, saisi par le réquisitoire du Parquet, agit en pleine indépendance. S'il est vrai que le procureur a seul qualité pour provoquer une information, du moins il ne peut procéder par lui-même à aucun acte d'instruction. Cette distinction est rationnelle. Le ministère public est demandeur, partie poursuivante, donc il ne peut s'immiscer dans les fonctions du juge d'instruction. Nul n'est juge et partie. La direction de l'instruction, les décisions définitives appartiennent exclusivement au juge d'instruction. Les ordonnances de non-lieu, les ordonnances de renvoi devant les tribunaux de répression compétents émanent du juge d'instruction et de lui seul. S'il y a renvoi devant le tribunal compétent, le tribunal statue. Donc, en dernière analyse, le magistrat de Parquet n'a fait, en rédigeant le réquisitoire introductif d'instance, qu'informer le juge d'instruction de l'existence probable d'un crime ou d'un délit et le mettre en mesure de rassembler les preuves, de livrer les coupables à la justice répressive. C'est en définitive le juge d'instruction, le tribunal, magistrats inamovibles, qui disposent de la liberté, de la fortune, de l'honneur des citoyens. Le réquisitoire du Parquet n'est qu'un acte préparatoire, introductif de l'instruction criminelle. Voilà pourquoi les membres du Parquet peuvent et doivent demeurer les agents du Pouvoir. La justice n'est pas rendue par eux, elle émane exclusivement de magistrats à qui l'inamovibilité assure une indépendance absolue au regard du Gouvernement.

Si je m'adressais à une assemblée de jurisconsultes, les indications détaillées que je viens de fournir sur le rôle et les obligations des membres du Parquet dans leurs rapports avec le Gouvernement seraient superflues et presque déplacées. Chacun connaît au Palais le sens et la portée de l'adage classique : parole libre, plume serve.

Mais peut-être quelques-uns d'entre vous, messieurs les Jurés, sont-ils peu familiarisés avec le droit et notre organisation judiciaire. Cet exposé théorique n'était donc pas inutile. Nul n'en contestera d'ailleurs l'exactitude rigoureuse, car il n'est pas un auteur en droit criminel, pas une décision de justice qui n'ait formulé, consacré la thèse que je viens d'exposer, tant elle procède des principes fondamentaux de notre législation.

Permettez-moi quelques citations.

Treilhard, l'un de nos jurisconsultes d'autrefois les plus profondément versés dans la science de l'ancienne législation, qui, en qualité de conseiller d'État d'abord, de président de la section de Législation ensuite, prit une part active à l'élaboration de nos codes, et fut même l'un des cinq membres de la commission chargée de la rédaction du projet de Code criminel, Treilhard disait textuellement à la séance du Conseil d'État du 16 octobre 1804 : « Le procureur général est obligé de se conformer aux ordres qu'il reçoit pour entamer les poursuites ; ensuite il devient l'homme de la Justice et les ordres supérieurs ne règlent plus ses conclusions[1]. »

Voici maintenant les commentateurs.

Faustin Hélie, le grand criminaliste, décédé vice-président du Conseil d'Etat, membre de l'Institut, président honoraire de la Cour de cassation, traite complètement la question[2]. « Le procureur général, écrit-il, doit être considéré à un double point de vue et revêt, à

---

[1] Locré, *La législation civile, commerciale et criminelle de la France*, t. XXIV, p. 406.
[2] *Traité de l'instruction criminelle*, 2e édit., t. I, nos 487, 488.

la fois, deux caractères distincts; il est le représentant, l'agent immédiat et, pour employer une expression de Treilhard, l'œil du Gouvernement et il est en même temps 'e dépositaire de l'action publique dans son ressort, le ministre responsable de son exercice, l'organe des intérêts généraux, l'agent de la société. Sous le premier rapport, il est placé sous les ordres du Gouvernement, il reçoit les ordres du ministre de la Justice qui est, à son égard, l'organe du pouvoir exécutif, il exécute ses instructions, et lui rend compte de tous ses actes. Sous le deuxième rapport, il remplit, sous sa propre responsabilité, la mission légale dont il est chargé; il agit en vertu de la délégation qu'il a reçue, il exerce une action qui, bien qu'elle lui soit transmise par le Pouvoir exécutif, appartient à la société entière. Ainsi, il représente à la fois le Gouvernement de l'État et la nation elle-même, il soutient les intérêts du Pouvoir et les intérêts de la Justice; il est, à certains égards, dépendant de l'autorité publique; sous d'autres rapports, il en est indépendant. Le procureur général est tenu, comme agent du Pouvoir exécutif, de se conformer aux ordres qu'il reçoit pour entamer les poursuites, mais ensuite il devient, suivant l'expression de Treilhard, l'homme de la Justice et nul ordre supérieur ne peut enchaîner ses conclusions. Ainsi se concilient les doubles fonctions qu'il réunit..... Le Pouvoir exécutif peut imposer au procureur général des actes, mais il ne peut lui imposer une opinion; il peut lui prescrire une poursuite, un appel, un pourvoi, mais il ne peut enchaîner à l'avance une conviction qui puise ses éléments dans les débats et le contraindre à requérir une peine qu'il jugerait injuste..... »

Dalloz, dont les ouvrages sont en quelque sorte le *vade-mecum* des magistrats et des praticiens du Palais, expose une doctrine identique[1]. « L'action publique est exercée par le ministère public, tantôt d'office, tantôt sur l'ordre qu'il en reçoit de la Cour d'appel ou du ministre de la Justice. Mais alors même qu'il lui est enjoint d'agir, alors même qu'il est obligé, en vertu d'un ordre d'une autorité compétente, de mettre l'action publique en mouvement et d'en saisir les tribunaux, le magistrat ne laisse pas cependant de conserver son indépendance, en ce sens qu'après avoir entamé la poursuite, il a le droit et le devoir de ne prendre conseil que de sa conscience dans les réquisitions qu'il peut avoir à faire et dans les conclusions qu'il est appelé à donner; de sorte que s'il regarde comme dénuée de fondement la poursuite qu'il a été tenu d'exercer, il lui appartient de conclure au renvoi du prévenu. »

Enfin, M. Edmond *Villey,* doyen de la Faculté de droit de Caen, dans un *Précis d'un cours de droit criminel*[2] (un *Précis* ne doit, semble-t-il, contenir que des principes de droit certains), s'exprime ainsi : « Le procureur général a, dans son ressort, l'exercice et la direction suprême de l'action publique..... Dépositaire suprême de l'action publique, il est en même temps l'agent immédiat du Pouvoir central, l'œil du Gouvernement disait Treilhard. En cette qualité, il est tenu d'entamer des poursuites lorsqu'il en reçoit l'ordre (art. 274, C. instr. crim.), mais ensuite il devient l'homme de la Justice et

---

[1] Répertoire, v° *Instruction criminelle,* n° 119.
[2] 4e éd., 1888, p. 182-183.

demeure libre de ses conclusions. C'est ce qui résulte manifestement de la discussion au Conseil d'État dans la séance du 16 octobre 1804. »

Qu'ai-je démontré jusqu'à l'évidence? Ceci. Le procureur général, agent du Pouvoir exécutif, est obligé par sa fonction même, par la volonté de la loi, d'obtempérer aux réquisitions du Garde des sceaux, ministre de la Justice. Recevrait-il un ordre formel, il devrait s'y conformer, obéir. La plume est serve.

Mais j'ai hâte de proclamer que ni M. le procureur général Bouchez ni son successeur, M. Quesnay de Beaurepaire, n'ont reçu du Garde des sceaux une injonction quelconque. Leur liberté d'action a été entière. Une demande en autorisation de poursuites rédigée à l'avance par le Gouvernement, un réquisitoire bâti de toutes pièces dans les bureaux d'un journal, ces prétendus documents, au bas desquels le procureur général était sommé d'apposer les yeux fermés sa signature, n'ont jamais existé. Inventions calomnieuses! Légendes créées à plaisir!

M. le procureur général Quesnay de Beaurepaire a reçu le dossier, s'est livré à une étude attentive, et de son propre mouvement, en parfaite connaissance de cause, il a rédigé, signé, d'abord la demande en autorisation de poursuites adressée à la Chambre des députés, ensuite le réquisitoire introductif d'instance déposé sur le bureau de la Haute-Cour de justice.

Mais qui donc est-il ce personnage servile, dédaigneux de sa dignité personnelle et de la dignité du corps judiciaire? A lire les journaux qui l'insultent, on le croirait un inconnu, un intrus jeté tout exprès dans la magistrature pour accomplir une vilaine besogne!

M. Quesnay de Beaurepaire appartient à une famille ancienne et illustre de l'Anjou, qui compte en grand nombre des penseurs, des savants, des écrivains, des hommes de robe et d'épée.

Son trisaïeul, François Quesnay, premier médecin du roi Louis XV, secrétaire perpétuel de l'Académie de chirurgie, a été le principal fondateur de l'Economie politique, le chef de l'école des Physiocrates. Comme économiste, il a eu pour disciples Dupont de Nemours et Turgot. Dupont de Nemours, économiste éminent, membre de la Constituante, membre de l'Institut, appelait Quesnay son maître. « Je lui dois, écrivait-il, la chaîne de mon esprit, dont M. Turgot a daigné ensuite former, ourdir et colorer la trame. Sans ces deux grands hommes, je n'aurais peut-être été qu'un malheureux poëte, assez bon enfant. »

Quesnay a publié de nombreux ouvrages sur la chirurgie et sur l'économie politique. Anobli par lettres patentes de Louis XV, il fit l'acquisition de divers fiefs parmi lesquels celui de Beaurepaire. De là le nom Quesnay de Beaurepaire que prirent ses descendants. Pourquoi ce détail en apparence futile? Non contents de calomnier le procureur général, Quesnay de Beaurepaire, ses détracteurs ont tenté de jeter sur lui, en contestant son nom et son titre, le ridicule et le discrédit.

A la cour, Quesnay était surnommé l'honnête homme, le penseur. En lui accordant des lettres de noblesse, le roi lui donna pour armes trois fleurs de pensée avec cette devise : *Propter cogitationem mentis.* L'histoire a conservé de Quesnay un mot qu'il me paraît à propos de rappeler. Le Dauphin, père de Louis XVI, se plaignait des embarras de la royauté. « Monseigneur, observa Ques-

nay, je ne trouve pas cela. » — « Et que feriez-vous donc
si vous étiez roi? » — « Monseigneur, je ne ferais rien. »
— « Et qui gouvernerait? » — « Les Lois. » — C'est
encore Quesnay qui disait : « Soyez justes avant tout. Il
n'y a pas deux justices... Jamais il n'a été juste d'attenter à la liberté ni à la propriété d'autrui. Il n'y a point
d'homme qui n'en ait quelquefois le pouvoir. En aucun
temps, aucun homme n'en a eu le droit ; en aucun temps,
ni par aucune institution, aucun homme ne pourra l'ac-
quérir[1]. »

L'un des petits-fils de François Quesnay, Alexandre-
Marie Quesnay de Beaurepaire, prit part, sous les ordres
de Lafayette, à la guerre de l'indépendance de l'Amérique. Selon l'usage fréquemment suivi par les cadets et
fils de famille, il porta un nom personnel, Jules de Glouvet. L'Académie des Sciences et des Beaux-Arts de Rich-
mond l'élut président. Sa correspondance a été conser-
vée, à Paris, aux archives du ministère des Affaires
étrangères.

Revenu en France à la veille de la Révolution, Alexan-
dre-Marie Quesnay de Beaurepaire (Jules de Glouvet),
grand-père du procureur général, combattit, à côté des
volontaires de 1792, à Valmy, à Jemmapes. Il appartenait à l'armée régulière avec le grade de capitaine d'infanterie. Le plan officiel de la bataille de Jemmapes,
déposé à la Bibliothèque nationale, est son œuvre.

Un grand-oncle du procureur général, Quesnay de
Saint-Germain, occupa successivement les situations les
plus diverses et les plus élevées : conseiller à la Cour des

---

[1] Dupont de Nemours, *Recueil des maximes de Quesnay.*

Aides de Paris, président de la Cour souveraine de
Saumur, député du département de Maine-et-Loire à la
première Assemblée législative qui remplaça l'Assemblée
constituante, juge élu au tribunal du district de Saumur,
puis président de ce même tribunal. Dupont de Nemours
en parle en termes émus. « Il n'a pas cessé, écrivait-il[1],
tant qu'il a exercé ces magistratures, de payer sa dette de
raison et d'équité, ni de recueillir sa récompense en respect et en affection..... Si sa vie publique lui a mérité
l'estime des hommes en place et de tous ses collègues, sa
vie privée n'est pas moins digne d'éloges... A sa mort, le
deuil a été général. Une foule immense d'habitants des
communes qui environnent sa terre et des gens les plus
distingués de la ville de Saumur accompagnait son con-
voi, témoignant par des larmes les regrets qu'inspire sa
perte. »

C'est au foyer, à l'école de ce parfait honnête homme,
dont un contemporain disait que « le bien public entrait
dans toutes ses pensées, » que le père du procureur général, décédé juge au tribunal civil de Saumur, a été élevé
au milieu des traditions, des enseignements, des exemples
qu'il a transmis intacts et accrus à son fils.

Quel magnifique héritage Jules Quesnay de Beaurepaire recueillait à son entrée dans la vie! La fortune, le
talent, l'honneur, tous ces biens lui venaient par surcroît.
Par une véritable hérédité, par une impulsion naturelle,
irrésistible, il devait devenir — il l'a été sans effort — un
magistrat intègre, un vaillant soldat, un écrivain dis-
tingué.

(1) *Revue philosophique, littéraire et politique.*

A l'âge de 27 ans, le 10 mai 1862, M. Quesnay de Beaurepaire trouvait accès dans la magistrature par le poste de substitut près le tribunal de la Flèche; le 6 juillet 1865 il passait au même titre au tribunal du Mans et le 13 juillet 1868, il prenait, comme procureur, la direction du parquet de Mamers.

A la déclaration de guerre, en 1870, M. Quesnay de Beaurepaire dédaignant l'exemption dont il bénéficiait par sa situation de magistrat, obtient d'office un congé et contracte un engagement militaire. Avec quel courage il a combattu, vous le savez, vous tous qui avez assisté à l'audience de lundi[1].

La guerre finie, au mois de mars 1871, l'ancien procureur près le tribunal de Mamers reprend ses fonctions. Mais un vent de réaction politique soufflait alors. On fit grief à M. Quesnay de Beaurepaire de son adhésion loyale à la République. Informé que le ministre de la Justice se propose de l'envoyer à Chambéry, loin de sa famille et de son pays natal, en qualité de substitut du procureur général, disgrâce à peine déguisée, M. Quesnay de Beaurepaire démissionne au mois d'août 1871 et rentre dans la vie privée.

Inscrit au barreau de Mortagne, il devient bientôt bâtonnier. Ses convictions républicaines, son tempérament le jettent dans les luttes politiques. Il combat pour la

---

[1] Le 8 juillet, la Cour d'assises de la Seine avait condamné le gérant du journal *l'Intransigeant* à un mois de prison, 1,000 francs d'amende, 2,000 francs de dommages-intérêts et l'imprimeur du journal *la Presse* à 300 francs d'amende et 1,000 francs de dommages-intérêts, chacun des deux journaux à six insertions dont trois en province et trois à Paris, sur la poursuite de M. Quesnay de Beaurepaire diffamé en sa qualité d'officier de l'armée auxiliaire pendant la guerre franco-allemande de 1870.

cause républicaine par le journal et par la parole. Au mois d'octobre 1871, le canton de Mamers le nomme membre du Conseil général du département de la Sarthe. Au mois d'octobre 1877, il est le candidat des comités républicains de la première circonscription de Mamers contre M. de Larochefoucauld-Bisaccia. Il suit de près son concurrent dont l'élection fut d'ailleurs invalidée. — Mémorables journées du mois d'octobre 1877! Avons-nous donc oublié les efforts persévérants qu'elles nous ont coûtés? Mon malheureux pays, fatalement voué aux dissensions intestines, n'en peut-il espérer le consolant retour?

Au cours du mois de mai 1873 se produisit un incident dont il convient que je vous entretienne. M. Quesnay de Beaurepaire, démissionnaire comme magistrat depuis le mois d'août 1871, avocat, simple particulier, membre et secrétaire du Conseil général du département de la Sarthe, fonde un journal de fusion républicaine, l'*Avenir*. Il fallait soutenir la lutte contre la Droite royaliste représentée par M. de Larochefoucauld-Bisaccia et la Droite impérialiste ayant à sa tête M. Haentgens, tous deux députés. Le journal fit vaillamment son devoir. La plume incisive, mordante de M. Quesnay de Beaurepaire blessa M. Haentgens, qui poursuivit en police correctionnelle pour délit de diffamation et obtint du tribunal correctionnel du Mans, à la date du 23 mai 1873, un jugement qui condamna M. Quesnay de Beaurepaire à 200 francs d'amende et à 1,500 francs de dommages-intérêts.

Il convient de donner à ce jugement sa signification véritable. C'est une décision de police correctionnelle rendue à l'occasion d'une polémique politique entre deux journalistes. La bonne foi ne pouvait valoir comme excuse, la preuve des allégations considérées comme diffamatoires n'était pas recevable. La lutte avait éclaté pendant une période de surexcitation extrême des esprits, si bien que le jugement est antérieur d'un jour seulement au renversement de Thiers, le libérateur du territoire. Aujourd'hui le débat ne s'agite pas entre M. Haentgens, qui n'est pas en cause, et M. Quesnay de Beaurepaire. Comment pourrait-on opposer comme fin de non-recevoir à la poursuite engagée au nom du Garde des sceaux, ministre de la Justice, dans l'intérêt du procureur général outragé dans l'exercice et à l'occasion de l'exercice de ses fonctions, une condamnation qui a frappé M. Quesnay de Beaurepaire, simple particulier et journaliste? Alors que d'après la loi sur la liberté de la presse, la prescription est acquise au bout de trois mois, alors que des amnisties nombreuses ont effacé la trace des condamnations encourues pour délits de presse, on exhume en 1889, seize années après qu'il a été prononcé, un jugement daté du mois de mai 1873, et on émet cette prétention, tout au moins singulière, que M. Quesnay de Beaurepaire, condamné comme simple particulier pour un délit de diffamation, n'a pas droit à la protection du jury quand il est outragé en qualité de procureur général et dans l'exercice de ses fonctions! La justice est pourtant due à chacun, au fonctionnaire comme au simple particulier.

Ce jugement n'atteignit pas d'ailleurs la considération, l'autorité personnelle de M. Quesnay de Beaurepaire. A plusieurs reprises, ses concitoyens lui proposèrent la candidature au Conseil général, à la Chambre des députés. Peu de temps après, dans le courant de l'année 1874, il devenait le gendre de M. Rubillard, conseiller général, maire du Mans, ancien député, actuellement sénateur, et il s'attachait ainsi, par de nouveaux liens, à la cause républicaine.

Sollicité de rentrer dans les rangs de la magistrature, M. Quesnay de Beaurepaire était, à la date du 22 mars 1879, appelé au parquet du tribunal de la Seine en qualité de substitut. Par l'éclat de sa parole, par l'autorité de ses conclusions dans des procès importants, il conquit rapidement une situation exceptionnelle; aussi, après un stage de deux ans et demi à peine, était-il, par décret du 13 septembre 1881, placé à la tête du Parquet général de la Cour d'appel de Rennes. Si vaste que fût ce ressort de province, il ne pouvait suffire à l'activité du nouveau procureur général. Orateur d'élite, causeur étincelant, littérateur, M. Quesnay de Beaurepaire avait la nostalgie de Paris. Il revint à Paris le 17 avril 1883 en qualité d'avocat général près la Cour d'appel. Ses réquisitoires aux assises dans les affaires Campi, Louise Michel, Pel, sont demeurés des modèles de style, d'observation et de haute éloquence.

En prenant possession du Parquet général de la Cour d'appel de Rennes, M. Quesnay de Beaurepaire exposait en audience solennelle sa conception des devoirs qui lui incombaient comme fonctionnaire du gouvernement de la République et comme magistrat. « Je n'oublierai jamais les liens d'attachement politique que m'impose mon titre, que l'expérience des événements a fait naître en moi. La République, qui m'a nommé et que je sers avec droiture, est le règne de la Loi, le régime de l'égalité devant le Droit : par là s'unissent et se

confondent en moi les sentiments du magistrat et du
citoyen. Les nations en marche vont vers leurs destinées
sans remonter les chemins du passé : tels sont les enseignements de l'histoire. La nôtre va d'un pas assuré. Souvent
consultée, toujours d'une voix plus nette, elle affirme sa volonté ; que les hommes éclairés, apaisant leurs regrets ou
leurs craintes, suivent aujourd'hui cette route, faisant le
bien, évitant le mal, les yeux vers l'avenir et les mains ten-
dues : voilà ce que j'ai cru être le salut, à l'heure des ruines ; ce que je crois plus que jamais. A ce gouvernement,
que les années ont consacré, je suis dévoué ; ma fidélité lui
est acquise ; j'en défendrai les principes avec une inébran-
lable fermeté. Mais, grâce à Dieu, cette fermeté s'allie bien
avec la modération ; et, quand les questions fondamen-
tales ne sont pas en cause, l'homme libéral, s'inspirant
d'une discrète réserve, cherche la conciliation, travaille à
l'apaisement et croit mieux servir l'État par la sagesse
que par le zèle. Telles sont mes opinions, telle sera ma
règle... Le chef de votre compagnie, dans un éloge dicté
par la bienveillance, a parlé des années que je passai au
Parquet de la Seine dans des termes qui me rendent à
la fois heureux et confus ; mais je le remercie plus encore,
je le remercie avec une émotion profonde, de s'être sou-
venu et d'avoir rappelé que, magistrat, je vivais dans le
travail et dans le culte du Droit ; et qu'à une autre époque
j'ai su quitter cette robe, que m'avait léguée mon père,
pour défendre en soldat ma patrie. C'est qu'en effet, messieurs, mon idéal est là tout entier : l'amour du Pays et
de la Justice. C'est la passion qui résiste, qui grandit en
moi à cette heure où, disant adieu à la jeunesse envolée,
je me recueille dans l'étude et dans la froide méditation...

C'est à la Justice que je veux appartenir, comme vous. Ce livre de la Loi dont vous êtes les gardiens, sera mon régulateur; ce haut esprit d'impartialité qui vous anime m'inspirera dans chacun de mes actes; votre amour du juste et de l'humain, affirmé par tant d'arrêts mémorables, sera le mien. La vraie justice est impersonnelle : si j'avais besoin de l'apprendre, vous me l'auriez vite enseigné, messieurs. Je serai donc en toute circonstance le même pour tous, me rappelant que j'ai acquis mes titres, si j'en ai, dans cette Grand'chambre du Palais de Paris, qui porte pour devise, sur les murs de la salle de ses délibérations : Jus et Lex (*Le Droit et la Loi*). »

Le magistrat qui parlait avec tant d'élévation a-t-il tenu les engagements solennellement contractés en présence de la Cour? Voici le témoignage que rendait publiquement M. le premier président de la Cour d'appel de Rennes, Gaillard de Kerbertin, dans la cérémonie officielle d'installation du successeur de M. Quesnay de Beaurepaire. M. le premier président Gaillard de Kerbertin est un vétéran du corps judiciaire. Depuis le 13 juin 1847, date de sa nomination comme substitut près le tribunal de Rennes, il a vu passer bien des magistrats à la tête des Parquets. Les mouvements judiciaires, les crises politiques entretiennent une sorte de va et vient continu. Ce magistrat doyen, que les événements ont mis si souvent à même de comparer les hommes et de les juger, écoutez en quels termes émus et flatteurs il s'exprime.

« Nos procureurs généraux passent vite, et ce n'est jamais sans tristesse que nous les voyons s'éloigner au moment même où nous apprenons le mieux à les connaître et à les aimer. Comment ne ressentirions-nous pas cette impression alors que dix-huit mois à peine ont séparé l'arrivée et le départ de M. Quesnay de Beaurepaire? Ce temps si court nous avait permis d'apprécier ses éminentes facultés. Esprit fin et délicat, écrivain d'une rare originalité, orateur consommé, administrateur habile, il se montrait supérieur en tout, parce qu'il avait deux puissants auxiliaires, la force et la volonté. Je devais laisser au doyen du parquet le soin de rappeler avec quelle distinction son chef dirigeait ce vaste ressort; plus directement associé à son œuvre, il avait plus spécialement qualité pour le dire. Mais je revendique le droit de rendre un public hommage au caractère de notre regretté collègue. J'ai pu en effet, grâce à des communications intimes dans lesquelles nous discutions les titres et la situation de nos collaborateurs, constater mieux que tout autre l'élévation de ses sentiments, sa loyale indépendance, et son zèle passionné pour la justice. C'était vraiment un magistrat et je n'en saurais faire un plus bel éloge. Soldat du devoir, M. de Beaurepaire était toujours sur la brèche, il se dépensait tout entier, et, quelle que fût la multiplicité de ses labeurs, il trouvait encore le temps d'affronter les fatigues de l'audience. Qu'une affaire exceptionnelle s'imposât à sa fonction ou sollicitât son talent, il allait, même au loin, jeter dans de grands débats les accents vigoureux de sa parole éloquente, et le décret qui nous l'enlève l'a surpris à l'heure même d'un de ses plus beaux triomphes oratoires. Paris, qui nous l'avait prêté, a voulu le reprendre. Sa place y demeurait marquée, et lui-même, oublieux des honneurs de sa position, va retrouver avec bonheur ces luttes brillantes qui avaient fondé sa réputation et cette école spirituelle et lettrée dont il avait reçu les leçons et si bien gardé l'empreinte. Notre pensée le suivra. »

Au Parquet général de la Cour d'appel de Rennes, M. Quesnay de Beaurepaire avait eu pour collaborateur M. Louis Michel, avocat général. C'est précisément M. Michel qui a succédé à M. Quesnay de Beaurepaire sur le siège de procureur général. Par la nature de ses fonctions, M. l'avocat général Michel avait été appelé à entretenir des rapports continus avec son chef, à vivre en quelque sorte dans son intimité. Avec quel accent de sincérité il loue les qualités de l'homme et du magistrat! « Orateur d'élite, écrivain de race, causeur étincelant, M. le procureur général Quesnay de Beaurepaire exerçait autour de lui une sorte de fascination. Les traits nets, acérés, brillants qui s'échappaient de ses lèvres, se logeaient dans l'esprit et y gravaient leur trace ineffaçable... Et sous ces dehors séduisants, pleins de fine malice et de mordante raillerie, quelle âme chevaleresque et généreuse, quelle noble simplicité, quel profond sentiment du devoir, quel dévouement, quelle complaisance aussi et quelle bonne grâce! J'en puis parler savamment, moi qui dois à ce chef regretté d'avoir pénétré les arcanes du rouage administratif, dont il possédait à merveille les ressorts; moi qu'il avait pris en affection, qu'il honorait de sa confiance, qu'il avait admis dans son intimité et auquel il servait obligeamment de mentor avec une affectueuse bienveillance qui me constitue désormais son débiteur insolvable et reconnaissant. Aussi est-ce du fond de l'âme que je m'associe à tout ce qui vient d'être si bien dit sur son compte par des voix autorisées, dont la mienne ne peut que se faire l'écho. »

A ces appréciations si favorables émises sur le talent et le caractère de M. le procureur général Quesnay de Beaurepaire par les chefs de la Cour d'appel de Rennes, il manquait en quelque sorte une sanction, la ratification des justiciables. Elle n'a pas fait défaut. Le jury du département de l'Ille-et-Vilaine a déclaré calomniateurs les journaux qui avaient mis en doute la parfaite honorabilité de l'ancien procureur général, et la Cour d'assises, par arrêt du 24 mai, a prononcé une condamnation à dix jours de prison et 200 francs d'amende.

Ainsi, dans le ressort de la Cour d'appel de Rennes, les représentants autorisés de la magistrature et de l'opinion publique attestent hautement la loyauté, l'indépendance de caractère, le zèle pour la justice du procureur général, M. Quesnay de Beaurepaire. N'est-il pas vrai que ce concert d'éloges couvre les cris discordants de quelques insulteurs?

Comme écrivain, M. Quesnay de Beaurepaire occupe une place considérable dans le monde des lettres. Sous le pseudonyme Jules de Glouvet, nom de cadet de son grand-père, il a, depuis l'année 1881, publié dix volumes dont voici les titres :

Le Forestier, le Marinier, le Berger, Marie Fougère, études de la vie champêtre;

Croquis de femmes, réunion de récits et nouvelles;

La famille Bourgeois, l'Étude Chandoux, la Fille adoptive (Succession Cerville), romans de mœurs;

L'Idéal, le Père, études sentimentales;

En outre, divers récits, *Histoires du Vieux Temps,* non encore réunis en volume, ont paru en brochures ou dans les revues (dans *l'Argonne, le Rosier, le Damoisel de Cabestaing, Mauregard, la Dame de Margou).*

A quelle école littéraire Jules de Glouvet se rattache-
t-il? Quels sont les mérites, les traits originaux de son
style? La question n'a pour vous, messieurs les Jurés,
qu'un intérêt tout à fait secondaire. On se plaît cependant
à reconnaître que le tour de la phrase, le choix des sujets,
le genre des descriptions rappellent la manière de George
Sand. Que vous importe-t-il de savoir? Jules de Glouvet
est-il un auteur moral? Les données de ses romans, les
théories, les systèmes des personnages tendent-ils au
relèvement des caractères, au perfectionnement de l'âme
humaine? Le lecteur se sent-il entraîné par un souffle
d'enthousiasme, d'espérance et de foi? Ou bien, tenu à
ras de terre, en face du tableau complaisamment étalé de
la corruption sociale, s'abandonne-t-il à ce pessimisme
incurable qui tarit les sources de la vie morale et ne laisse
après lui qu'une insurmontable lassitude, une morne
perception de la vanité de tout effort? Sains et réconfor-
tants sont les romans de Jules de Glouvet. On y respire
l'air vivifiant des bois et des montagnes. On y converse
avec des personnages qui croient à la conscience, à l'a-
mour, au dévouement, vaillants au travail, aimant la vie,
confiants et joyeux. Chaque livre s'achève par une pensée
consolante, qui porte l'âme vers les régions de l'Idéal et
de l'Infini.

La dernière publication, *Marie Fougère,* parue au
mois de février de cette année, contient une préface qui
n'est pas passée inaperçue et a même causé quelque bruit.
Une mère de famille, Lucie Herpin, inquiète du développement continu de la littérature réaliste, prend la plume
pour défendre la cause de la morale qu'elle appelle à bien

juste titre : la cause des femmes. « On lit beaucoup dans
nos petites villes, dit-elle ; or, toutes les honnêtes femmes
y sont effrayées, pour leurs enfants comme pour elles-
mêmes, des tendances que manifeste de plus en plus
l'Ecole moderne ; il m'a paru nécessaire qu'au nom de
toutes, une d'entre elles protestât et tentât de réagir. Paris
nous a lancé comme dernier défi *La Terre* et *l'Immortel* :
ceci est la réponse de la bourgeoisie lettrée de province..... J'ai signalé la dépression des idées et la chute
de l'art quand commençait la seconde moitié du siècle ;
les irréguliers ont eu des successeurs, et les romanciers
de la génération vivante ont singulièrement glissé sur
la pente. Cela devait être. Ils ont obéi à la fois à l'impulsion donnée, à leur éducation propre, à l'influence
de l'air ambiant. Tout suit, en pareille matière, une
progression fatale ; c'est ainsi que les réalistes ont enfanté
les naturalistes et que ceux-ci donnent le jour aux déca-
cadents. C'est, pour employer le seul mot qui convienne,
l'école matérialiste, qui va, par une loi inévitable, du
ciel au ruisseau..... Ainsi, après avoir ramené toutes
les femmes de tous les mondes à un type unique, celui
de la fille, ils appelèrent cela « l'Etude de l'éternel féminin ; » ainsi encore, ils attribuèrent à leur examen su-
perficiel du système nerveux le titre pompeux de « psy-
chologie ; » ils remplacèrent la peinture de l'amour par
le procès-verbal de la chute, supprimèrent la conscience
et déclarèrent, sous forme de manifestes, qu'ils exerçaient
un sacerdoce..... Chères lettres françaises, dont Fré-
déric de Prusse, dont Catherine de Russie se déclaraient
les admirateurs ; langue incomparable, que tous les
peuples policés parlent avec amour, dont la diplomatie

est jalouse de faire usage, langue de Montaigne et de Montesquieu; mœurs élégantes, galanterie exquise, délicatesse de l'esprit, respect des croyances, suffirait-il d'un souffle pour vous dissiper? Verrons-nous l'extrême civilisation nous ramener au niveau de l'homme primitif guidé par ses seuls appétits? L'idéal sera-t-il tué par le matérialisme? Telles sont les deux questions qui se posent aujourd'hui..... Enfant d'un siècle frivole, j'admets volontiers que le roman soit classé parmi les genres littéraires de premier plan. En même temps que ses fictions intéressent, son cadre élastique permet à l'auteur toutes incursions dans les domaines de l'histoire, de la philosophie, de la poésie même; et la variété nécessaire de la forme permet de recourir à toutes les richesses de la langue. Mais le roman, pour être classé ainsi œuvre d'art, doit s'élever jusqu'à l'idée générale dans sa conception, et toujours respecter dans ses développements la dignité humaine, car l'art ne peut être que l'image idéalisée de la nature et de la vie... L'art n'est pas une étude de la réalité positive, c'est une recherche de la vérité idéale. »

La préface termine ainsi : « Non, tout n'est pas encore perdu, puisqu'un livre qui n'a pour mérite que la sincérité et l'honnêteté peut encore paraître. »

Sincérité, honnêteté, ces deux derniers mots de la préface du roman *Marie Fougère*, peuvent être placés au frontispice de l'œuvre littéraire de Jules de Glouvet. C'est pourtant ce même écrivain, délicat, épris d'idéal, que des calomniateurs appellent le pornographe, la fille Herpin!

Mais comment donc la Presse — j'entends celle qui se respecte et garde au milieu des lettres politiques le

souci des convenances — a-t-elle apprécié la nomination
de M. Quesnay de Beaurepaire? Je me borne à citer quatre
journaux, les choisissant d'ailleurs parmi les plus considérables et dans des camps politiques divers.

Le National, 3 avril. — « La nomination de M. Quesnay de Beaurepaire sera, nous en sommes convaincu, très
favorablement accueillie au Palais de Justice. Le nouveau
procureur général ne compte, en effet, que des amis
parmi les magistrats actuels. De plus, il est très estimé
des membres du Barreau. M. Quesnay de Beaurepaire a
conquis au Palais une place éminente; tout le monde
apprécie sa parfaite courtoisie et rend un hommage mérité
à son énergie, à son beau talent de parole et à son grand
sens juridique. Son nom a été mêlé aux principaux procès
criminels. »

Le Temps, 3 avril. — « M. Quesnay de Beaurepaire,
le nouveau procureur général près la Cour d'appel de
Paris, porte un nom dont la notoriété est égale dans la
magistrature et dans les lettres.

« Sa carrière de magistrat a été fort brillante M. Quesnay de Beaurepaire est arrivé à Paris il y a une dizaine
d'années comme substitut du procureur de la République
et, en cette qualité, il siégea successivement à la hui-
tième chambre correctionnelle, la chambre des procès
politiques, et à la première chambre, la chambre des
grands procès civils. Quelques années après, il fut nommé
procureur général près la Cour de Rennes. Il revint à la
Cour de Paris comme avocat général et fut chargé du réquisitoire dans les procès de Louise Michel, accusée d'ex-
citation au pillage des boulangeries, et dans le procès

Campi ; la lutte ardente qui s'engagea alors entre le ministère public et la défense est restée célèbre au Palais et
servit à mettre en lumière le talent oratoire de l'avocat
général, à la fois ardent et châtié, où le littérateur perçait
sous l'orateur.

« Comme écrivain, le nouveau procureur général a
publié, sous le pseudonyme de Jules de Glouvet, de nombreux romans où la préoccupation de la thèse morale tient
toujours une grande place. Jules de Glouvet est devenu
populaire depuis la publication *du Père* et des trois
romans champêtres *le Forestier, le Marinier, le Berger*,
trinité d'études sur l'homme des bois, l'homme des fleuves,
l'homme des plaines.

« Tout récemment enfin, l'apparition, sous le pseudonyme de Lucie Herpin, d'un livre intitulé : *Marie Fougère*, dont la préface était un réquisitoire pittoresque
contre le naturalisme et une réponse à *l'Immortel*, avait
fait prononcer le nom de M. Quesnay de Beaurepaire.
On avait deviné juste : les dernières éditions de *Marie
Fougère* portent le nom de Jules de Glouvet. Nous n'a-
vons pas à parler du talent littéraire du nouveau procureur général ; les lecteurs du *Temps* ont pu l'apprécier il
y a quelques mois dans le roman qu'il a donné ici même,
la Succession Cerville. »

La République française, 2 avril. — « Le *Journal
Officiel* enregistre ce matin la nomination au poste de
procureur général près la Cour d'appel de Paris de M.
Quesnay de Beaurepaire, un des magistrats les plus distingués de la Cour, un des républicains les plus fermes
et les plus estimés de la magistrature. »

Le Figaro, 2 avril. — « M. Quesnay de Beaurepaire porte un nom également connu dans la littérature et au Palais. Comme magistrat, il a été successivement substitut au tribunal de la Seine, procureur général à Rennes, et enfin avocat général à Paris.

« C'est un magistrat d'un rare talent de parole. Ses réquisitoires dans l'affaire Pel, dans l'affaire Campi, resteront comme des modèles d'observation et de finesse. La caractéristique de son talent est une recherche parfois excessive de l'originalité, du pittoresque, une préoccupation constante de l'analyse.

« C'est que le nouveau procureur général est surtout un romancier. Son pseudonyme littéraire, Jules de Glouvet, est devenu populaire depuis la publication de ces trois romans champêtres, *le Forestier, le Marinier, le Berger,* trois études charmantes sur l'homme des bois, l'homme des fleuves, l'homme des plaines.

« *L'Idéal,* les *Histoires du vieux temps,* et, en dernier lieu, cette jolie pastorale un peu apprêtée qui s'appelle *Marie Fougère,* et que M. Quesnay de Beaurepaire avait signée d'abord du pseudonyme féminin de Lucie Herpin, ont achevé de placer M. Quesnay de Beaurepaire au premier rang de la nouvelle école idéaliste, qui est partie en guerre contre M. Zola et ses disciples.

« La préface de *Marie Fougère* fut un événement littéraire. Le naturalisme y était pourfendu ! Le livre, malheureusement, me semble inférieur à la préface, qui est un petit chef-d'œuvre.

« Gendre de M. Rubillard, sénateur de la Sarthe, M. Quesnay de Beaurepaire a été mêlé très jeune à la vie politique. Sous l'Empire, il a combattu dans la presse républicaine avec une ardeur qui lui a valu de connaître, lui aussi, les procès et les persécutions politiques. Il ne s'en porte pas plus mal à l'heure qu'il est. . . . .

« Nous sommes presque tenté de regretter que la politique active nous prenne cet esprit d'élite, ce penseur, ce délicat, ce joli styliste amoureux du beau dire, mais M. Quesnay de Beaurepaire a toujours passé pour un esprit indépendant, pour un galant homme incapable d'une vilenie.

« Dans la situation si pleine de périls qu'il va occuper, nul doute qu'il ne s'inspire de sa vieille devise :

« Oncques ne fourligne qu'est né de Beaurepaire. »

S'il est vrai que M. le procureur général Quesnay de Beaurepaire a servi de point de mire à la calomnie, quelques traits envenimés ont atteint ses collaborateurs MM. Roulier, avocat général, Duval, substitut du procureur général, Lombard, substitut du procureur de la République. Comment parler de mes collègues et amis? Je me sens mal à l'aise pour louer comme il convient ces magistrats d'une honorabilité son tache, distingués, docteurs en droit, lauréats de concours, secrétaires de la conférence des avocats de Paris, dont le talent projette un si vif éclat sur les fonctions qu'ils occupent.

Roulier, avocat général, le plus jeune de nous tous, enfant gâté de la Fortune, indépendant par sa situation, trop pleinement heureux, trop naturellement droit pour que jamais l'idée même d'un compromis de conscience ou d'une action indélicate puisse surgir à son esprit. Dans un article du journal *la Cocarde,* intitulé *Poltron mais féroce*, on attribue à Roulier un attitude pusillanime, lâche même pendant la guerre. Cette insinuation colomnieuse m'oblige a révéler un fait tout à l'honneur de mon collègue, accompli discrètement, sans bruit, que nous ignorions tous. Né le 29 juillet 1852, Roulier, âgé de 18 ans seulement lors de la déclaration de guerre, ne pouvait être et ne fut appelé à aucun titre sous les drapeaux. Après la guerre, à la suite du volontariat d'un an, il est nommé au grade de sous-lieutenant de réserve dans l'infanterie. Voici le brevet en date du 3 août 1878. —

Peu de temps après, Roulier devient magistrat, substitut près le tribunal de Saint-Étienne. Les fonctions judiciaires étant incompatibles avec le service militaire, il démissionne comme officier. Mais, au mois d'avril 1887, l'incident Schnœblé éclate; la guerre entre la France et l'Allemagne est imminente. Roulier écrit aussitôt au ministre de la Guerre et sollicite la réintégration d'urgence dans son grade de sous-lieutenant. Il fait appuyer sa demande par un général, M. Savin de Larclause, alors chef d'état-major au ministère de la Guerre, et voici la réponse qu'adressait à ce général, à la date du 28 mai 1887, le général directeur de l'infanterie au ministère de la Guerre.

MINISTÈRE
DE LA GUERRE
—
1ʳᵉ DIRECTION
INFANTERIE
—
CABINET
du
GÉNÉRAL DIRECTEUR
—

« Mon général,

« J'ai l'honneur de vous rendre compte
« de ce qui a été fait pour donner suite
« à la demande de M. Roulier, sous-
« lieutenant de réserve démissionnaire.

« M. Roulier a donné sa démission parce
« qu'il exerçait des fonctions judiciaires
« incompatibles avec le service militaire.
« Si M. Roulier quittait ces fonctions, il
« pourrait être proposé pour la réinté-
« gration dans son grade, mais tant qu'il
« restera magistrat, il ne remplit pas les
« conditions pour obtenir cette réintégra-
« tion.

« Toutefois, il a été inscrit au quatrième
« bureau de la première direction comme
« *désirant reprendre son grade en cas de*
« *guerre*[1], et si ces circonstances se pré-
« sentaient, il suffirait à M. Roulier de
« rappeler sa demande pour qu'il y soit
« donné satisfaction en supposant qu'il
« remplisse encore à ce moment les con-
« ditions d'âge et de disponibilité.

« Veuillez agréer, etc.

« *Signé :* Général Poilloüe de Saint-Mars. »

Que dire maintenant de Duval et de Lombard? Duval,
substitut à la Cour, modeste, pénétré du sentiment de

---

[1] Ces mots sont soulignés à l'original.

ses devoirs, entouré au Palais de l'estime générale, Lombard, substitut au tribunal, supérieur par son talent à sa situation hiérarchique, dont je ne puis prononcer le nom, si populaire en Lorraine, sans évoquer comme un cortège d'hommes éminents composant sa famille, officiers, professeurs à la Faculté de droit, sénateurs, maire de Nancy.

Tels sont les hommes, les magistrats, que des journalistes haineux, diffamateurs par métier, traînent sur la claie, déchirant en lambeaux leur considération, leur prestige, leur honneur, l'honneur, le dernier bien dont un homme de cœur consente à se laisser dépouiller! « La bonne renommée, comme l'a dit Schakespeare, est le joyau le plus personnel de l'âme ; quiconque me vole ma bourse, me vole de la drogue, peu de chose, rien ; c'était à moi, c'est à lui, cela avait été l'esclave de milliers d'autres ; mais celui qui me filoute de ma bonne renommée, me dérobe une chose qui ne l'enrichit pas, et me rend vraiment pauvre [1]. »

Ah! les mœurs détestables qu'une certaine presse a créées! La liberté de la parole et de la plume nous était apparue comme le couronnement nécessaire de l'œuvre de la Révolution. Par le journal de plus en plus répandu, accessible à chacun, la pensée pénétrait dans les couches profondes du peuple. Sapant les injustices sociales, extirpant les abus et les préjugés, la Presse, comme le semeur de la parabole, épandait à main ouverte le bon grain dans le champ défriché. Mais voilà que l'ivraie envahit le bon grain, la liberté dégénère en licence! Embusqués derrière un journal, des folliculaires sans vergogne, con-

---

[1] *Othello*, acte III, scène V.

dottieri des temps modernes, détroussent les gens d'honneur. Jadis on jouait du poignard; ils jouent de la calomnie et frappent au cœur. Aucun moyen ne leur répugne. La politique excuse tout! Ne sont-ils pas faussaires au besoin?

Peu nombreux, sans doute, à l'honneur de la Presse, sont les journaux à scandale, calomniateurs attitrés, mais qu'on y prenne garde! le mal gagne lentement, de proche en proche, la grandeur morale de la Patrie est atteinte, la Liberté elle-même court de graves dangers!

Qui ne connaît ce chef-d'œuvre de la poésie moderne, le *Vase brisé*, de Sully-Prudhomme?

> Mais la légère meurtrissure,
> Mordant le cristal chaque jour,
> D'une marche invisible et sûre
> En a fait lentement le tour.

> Son eau fraîche a fui goutte à goutte,
> Le suc des fleurs s'est épuisé;
> Personne encore ne s'en doute,
> N'y touchez pas, il est brisé.

Il en est ainsi de la calomnie. Quand, peu à peu, par une sorte d'infiltration et d'érosion continue, la calomnie, altérant les gloires les plus pures, dénaturant les actions généreuses, aura corrompu, rongé dans l'âme de chacun de nous la foi au désintéressement, à la justice, à la vérité; quand tous les hommes qui se dévouent à la chose publique, orateurs, hommes d'État, chefs d'armée, fonctionnaires, quand tous les détenteurs du pouvoir seront tombés tour à tour frappés par une sorte de loi des suspects;

quand la politique et les fonctions publiques, délaissées par les gens de cœur abreuvés d'amertume, seront devenues la proie d'une tourbe d'ambitieux sans scrupules, que nous restera-t-il, démolisseurs stupides? N'est-il pas vrai que les forces morales seront désorganisées, que le découragement aura brisé tout ressort et que la nation tout entière, vaisseau démâté n'apercevant au loin ni phare, ni refuge, sombrera, jetant comme un lest inutile le culte des grands hommes, la courtoisie des mœurs, la loyauté des discussions, son honneur, sa fierté, ses libertés et ses lois?

Il vous appartient, messieurs les Jurés, d'arrêter le mal dans sa marche ascendante. Que votre verdict soit une protestation de la conscience publique! Je dois au jury de la Seine et je lui rends publiquement, sans artifice de langage, croyez-le bien, un témoignage mérité. Jamais, depuis bientôt une année que j'ai l'honneur de porter la parole aux assises, le jury de la Seine n'a failli à sa haute mission! Les citoyens outragés dans l'exercice de fonctions publiques ont obtenu de lui protection et justice[1]. C'est un spectacle réconfortant, c'est un gage pour l'avenir!

---

[1] 1o 5 novembre 1888. Condamnation sans circonstances atténuantes du journal boulangiste La Charge. Outrages aux généraux de Miribel, Saussier, de Galliffet. Deux mois de prison, 500 francs d'amende à chacun des prévenus. — 2o 14 mars 1889. Condamnation sans circonstances atténuantes du journal La Lanterne. Diffamation et outrages. M. Coulon, directeur des Postes et Télégraphes, partie plaignante. Trois mois de prison, 1,000 francs d'amende, 6,000 francs de dommages-intérêts, insertion dans dix journaux. — 3o 25 juin 1889. Condamnation du journal Le XIXe Siècle. Diffamation et outrages. M. Girard, directeur du laboratoire municipal, partie plaignante. Un mois de prison, 1,000 francs d'amende, 15,000 francs de dommages-intérêts, insertion dans trois journaux.

Un grand historien[1] raconte que vers la fin des Républiques italiennes, la haine des partis était devenue implacable; dans la mêlée des guerres civiles sans cesse renaissantes, la notion de la justice avait péri. La loi dut prescrire que le juge appartiendrait à une nationalité étrangère! Quelle honte pour ce temps et pour ce pays! Jamais en France, laissez-moi du moins l'espérer, nos dissensions politiques ne troubleront la conscience du magistrat. Serment prêté, le magistrat domine ses passions. Sourd aux bruits du dehors, il n'entend que l'appel des justiciables lésés dans leur fortune ou dans leur honneur. Au nom des magistrats outragés, en notre nom à tous, car tous nous sommes atteints en la personne de nos collègues et de nos chefs, je vous demande, nous vous demandons justice! Des magistrats français ne la refuseront pas!

Le verdict du jury (12 juillet 1889) ayant été négatif relativement aux journaux l'Autorité, le Tour de Paris, l'Intransigeant, et affirmatif seulement à l'égard d'un article du journal la Cocarde, le gérant de ce dernier journal fut condamné à quinze jours de prison et à 250 francs d'amende.

Avocats : MM. CHOPIN D'ARNOUVILLE, pour l'Autorité; VERGOIN, pour le Tour de Paris; FONTAINE DE RAMBOUILLET, pour l'Intransigeant; LE SENNE, pour la Cocarde.

[1] Sismondi, Histoire des Républiques italiennes.

TABLE DES MATIÈRES.

BAR-LE-DUC, IMPRIMERIE CONTANT-LAGUERRE.

RÉPERTOIRE GÉNÉRAL ALPHABÉTIQUE
DU DROIT FRANÇAIS

Contenant

SUR TOUTES LES MATIÈRES DE LA SCIENCE ET DE LA PRATIQUE JURIDIQUES

l'Exposé de la Législation
l'Analyse critique de la Doctrine et les Solutions de la Jurisprudence

et augmenté sous les mots les plus importants

DE NOTIONS ÉTENDUES DE DROIT ÉTRANGER COMPARÉ
ET DE DROIT INTERNATIONAL PRIVÉ

PUBLIÉ SOUS LA DIRECTION DE

ED. FUZIER-HERMAN, ancien Magistrat

Par MM.

A. CARPENTIER	G. FRÈREJOUAN DU SAINT
AGRÉGÉ DES FACULTÉS DE DROIT	DOCTEUR EN DROIT, ANCIEN MAGISTRAT
AVOCAT A LA COUR DE PARIS	AVOCAT A LA COUR DE PARIS

AVEC LA COLLABORATION DES

Rédacteurs du Recueil général des Lois et des Arrêts et du Journal du Palais

et notamment de MM.

Baudry-Lacantinerie, doyen de la Faculté de droit de Bordeaux, professeur de Code civil;
De Boislisle, vice-président au Tribunal de première instance de la Seine;
G. Bressolles, professeur à la Faculté de droit de Toulouse;
Bufnoir, professeur à la Faculté de droit de Paris;
A. Christophle, gouverneur du Crédit Foncier de France, ancien ministre des Travaux publics;
Em. Cohendy, professeur à la Faculté de droit de Lyon;
Crépon, conseiller à la Cour de cassation;
C. Cretin, sous-intendant militaire de 2e classe, professeur de législation et d'administration à l'Ecole supérieure de Guerre;
R. Dareste, conseiller à la Cour de cassation, membre de l'Institut;
Demangeat, conseiller à la Cour de cassation, professeur honoraire à la Faculté de droit de Paris;
G. Demante, professeur à la Faculté de droit de Paris;
E. Garsonnet, professeur à la Faculté de droit de Paris;
Labbé, professeur à la Faculté de droit de Paris;
Lacointa, avocat à la Cour de Paris, ancien avocat général à la Cour de cassation;
L. Larombière, premier président honoraire à la Cour de cassation, membre de l'Institut;
Ch. Laurent, premier avocat général à la Cour de Bruxelles;
Laurin, professeur à la Faculté de droit d'Aix;
E. Lehr, ancien professeur de Législation comparée à l'Académie de Lausanne;
Lespinasse, président honoraire à la Cour de Pau, ancien premier avocat général;
Ch. Lyon-Caen, professeur à la Faculté de droit de Paris;
E. Naquet, procureur général près la Cour d'appel d'Aix;
N. Panhard, avocat au Conseil d'Etat et à la Cour de cassation;
Eug. Pierre, secrétaire général de la Présidence de la Chambre des Députés;
Puton, directeur de l'Ecole nationale forestière;
L. Renault, professeur à la Faculté de droit de Paris;
A. Ribéreau, professeur à la Faculté de droit de Bordeaux;
Ruben de Couder, premier président à la Cour d'Aix;
Viollet, membre de l'Institut, bibliothécaire de la Faculté de droit de Paris.

ET POUR LE DROIT COMPARÉ CIVIL ET CRIMINEL

de M. Ernest Lehr,

Ancien professeur de Législation comparée à l'Académie de Lausanne,
conseil de l'ambassade de France en Suisse.

Ce Répertoire formera environ 25 volumes in-4° de 800 pages; il paraît par volumes complets à raison de deux au moins par an.

Cinq volumes parus.

PRIX :

Pour les Souscripteurs à l'Ouvrage complet, le vol., *franco.* **20** fr.
Pour les non Souscripteurs, le volume, *franco* .... **25** fr.

BAR-LE-DUC, IMPRIMERIE CONTANT-LAGUERRE.

www.ingramcontent.com/pod-product-compliance
Lightning Source LLC
Chambersburg PA
CBHW060604210326
41519CB00014B/3563